PRAZER A TODO CUSTO

Prazer a todo custo

1ª edição: Outubro 2024

Autor:
Juliano Pimentel

Preparação de texto:
3GB Consulting

Revisão:
Iracy Borges
Patrícia Alves Santana

Projeto gráfico:
Luisa Tavares
Jéssica Wendy

Capa:
Jéssica Wendy

DADOS INTERNACIONAIS DE CATALOGAÇÃO NA PUBLICAÇÃO (CIP)

Pimentel, Juliano
Prazer a todo custo : como a busca excessiva por dopamina tem aprisionado você em vícios e o que fazer para se libertar disso / Juliano Pimentel. – Porto Alegre : Citadel, 2024.
240 p. ; il., color.

ISBN 978-65-5047-516-1

1. Saúde mental 3. Dopamina – Vício 3. Prazer 4. Superação
I. Título

24-4401 CDD – 158.1

Angélica Ilacqua – Bibliotecária – CRB-8/7057

Produção editorial e distribuição:

CITADEL
Grupo Editorial

contato@citadel.com.br
www.citadel.com.br

DR. JULIANO PIMENTEL

PRAZER A TODO CUSTO

Como a busca excessiva por dopamina tem aprisionado você em vícios e o que fazer para se libertar disso

CITADEL
Grupo Editorial
2024

SUMÁRIO

INTRODUÇÃO

"Em qual momento você deixou de exercer o domínio da sua mente para ser controlado pela própria mentira que contou a si mesmo?"

PRAZER A TODO CUSTO – JULIANO PIMENTEL

De todas as espécies viventes, somos os seres mais evoluídos, dotados de uma máquina perfeita chamada corpo humano, cujo motor mais poderoso é o cérebro[1]. Com uma capacidade infinita de criação, adaptação e execução, não só evoluímos e nos tornamos a espécie mais forte do ecossistema em que vivemos, mas também fomos capazes de nos aprisionar nos maiores vícios em função do descontrole de nossa própria força mental[2].

Nessa relação com o vício, nunca estamos satisfeitos, pois o sentimento é de que sempre ficamos pelo meio do caminho. Ao nos deixarmos levar pelo lado mentiroso de nossas mentes, acreditamos que somos capazes de tomar apenas mais uma dose, ou comer só mais um pedaço, ou dar somente mais um trago, porque "não somos viciados!", então podemos parar quando quisermos. No entanto, ao chegar a esse estágio, já perdemos a noção da realidade, afinal, nossa visão de apenas mais uma dose de qualquer coisa já foi há muito distorcida, e a dose de todo alívio que você busca para a redução da sua dor por meio da ilusão do prazer é cada vez maior.

O seu cérebro, originalmente projetado para ser uma potência que opera em direção a sua evolução, desregula a resposta aos estímulos, disparando uma resposta cada vez maior de necessidade daquilo que você o viciou a ter, pois ele já não se contenta mais com a quantidade de dopamina que está recebendo[3]. É aqui que o vírus do vício já está se instalando em seu HD mental, disparando a informação de que você precisa mais daquilo que na realidade só o arrasta para a autodestruição.

Chegamos ao ponto de transformar até mesmo o que é bom em vícios devastadores, desvirtuando o que em nós em essência nos define; afinal, com praticamente tudo fomos capazes de gerar uma relação tóxica, como é o caso da alimentação, por exemplo, que, em vez de usarmos para nos nutrir e proporcionar uma vida plena, transformamos em uma arma potencialmente letal para o nosso corpo, ao nos viciarmos em quantidades cada vez maiores de alimentos processados e modificados, elaborados especialmente para injetar altas doses de glicose pronta em nosso organismo, de maneira a criar picos dopaminérgicos em busca da sensação de prazer imediata[4].

Desvirtuamos o que criamos para a nossa evolução como humanidade, como é o caso da tecnologia, ao rolar por horas seguidas o feed das redes sociais, ficando cada vez mais absorvidos por uma vida virtual que não apenas retira nosso foco e nos paralisa diante do nosso cotidiano, como também afeta nosso funcionamento bioquímico por meio da superexposição a telas de celulares, que mata aos poucos o sono reparador, fundamental para nossa saúde[5]. Aliás, em cada uma das práticas ditas para a manutenção da nossa saúde, também fomos perdendo a mão na relação de busca desenfreada pelo prazer; basta se atentar ao caso de pessoas que ingressam em práticas espirituais e ficam em um estado de euforia tão intenso a cada imersão religiosa que já não encontram mais equilíbrio fora desse circuito, passando a ficar completamente dependentes desse movimento para sobreviverem[6]. O mesmo ocorre nas práticas esportivas, pois muitos atletas se viciam nas substâncias químicas em busca de mais explosão de agilidade, até o ponto de sofrerem, por exemplo, ataques cardíacos fulminantes[7].

Fomos ainda capazes de desvirtuar os relacionamentos em geral, como no caso do trabalho, acumulando cada vez mais pessoas dependentes do excesso de tarefas para liberar um tortuoso estado de prazer[8]; nas relações de amizades, com a marcação cerrada em cima de cada like recebido para garantir aquela dose de satisfação. E em especial os relacionamentos amorosos, que em essência seriam uma grande e valiosa virtude do ser humano, mas passaram a ser um vício também. Agora, pessoas se tornaram viciadas em pessoas, dependentes afetivamente em graus perigosos à saúde por modularem seus níveis de dopamina, ou seja, seu "grau de prazer", com a presença do outro em suas vidas, pouco importando se essa presença for nociva ou não.

Embora seja uma desconcertante realidade, provavelmente você ou alguém que você conheça já se deparou com um ou mais vícios na vida. Mas a questão agora é saber o seguinte:

Em sua vivência, alguma circunstância ainda o mantém prisioneiro do vício? Ou melhor, por que você tem se escondido por trás de desculpas para se levantar do buraco que andou cavando em seu cérebro para mantê-lo nessa desconfortável zona do vício?

Prazer a todo custo trata exatamente disso. Sobre como a busca excessiva pelo prazer é capaz de comprometer o prazer de viver.

I

COMO CHEGAMOS A ESSE PONTO?

“Ainda que a natureza humana
tenha fraquezas e pontos cegos,
sua origem virtuosa sempre
revelará o caminho da redenção.”

PRAZER A TODO CUSTO – JULIANO PIMENTEL

Por mais alarmante que possa parecer, ninguém está imune ao vício. Todos nós, em algum momento da vida, já nos deparamos com determinado ambiente, e aqui já defino o termo "ambiente" como lugar, situação ou pessoa que nos colocou à prova em relação ao nosso comportamento. Não estamos imunes ao vício, porque a sua gênese em nosso cérebro está no mesmo lugar no qual se origina a motivação, e sem motivação não há vida, afinal, se não tivéssemos desejo, não daríamos nem o primeiro passo[9].

Biologicamente falando, fomos feitos para agir pelo impulso natural de desejo. Acordar pela manhã, levantar da cama, buscar alimento e todas as demais coisas que fazemos ao longo de cada dia são processos regidos pelas nossas funções cerebrais, cuja principal tarefa consiste em interagir com o ambiente em que vivemos e responder a ele. Em outras palavras, o nosso cérebro recebe e integra estímulos, então processa uma resposta.

Todo esse mecanismo só é possível graças aos bilhões de neurônios existentes em nosso corpo. Cerca de 86 bi, segundo descoberta realizada por cientistas brasileiros em 2009[10]. Mas o que mais chama a atenção é que 80% deles estão abrigados em nosso cerebelo, que faz a conexão entre o tronco encefálico e o córtex cerebral e basicamente é responsável por controlar nossa atividade motora[11]. Não à toa, evoluímos em estado de movimento, e o eixo de resposta do ser humano é sempre algum estresse provocado pelo ambiente que o fará se movimentar para obter uma resposta. Bateu a fome? Você se move em busca da sua comida. Deu sono? Você cai na cama ou no primeiro canto que der e dorme. Deu uma pancada com o dedo do pé na quina do móvel? Você corre e coloca a mão para pressionar o local da dor.

Perceba, todos esses exemplos fazem parte das nossas funções automáticas reguladoras, que pertencem à estrutura mais primitiva do nosso cérebro, chamada **cérebro reptiliano**. Trata-se da primeira unidade funcional do nosso sistema nervoso central, que está dividido em três camadas: reptiliano, límbico e racional.

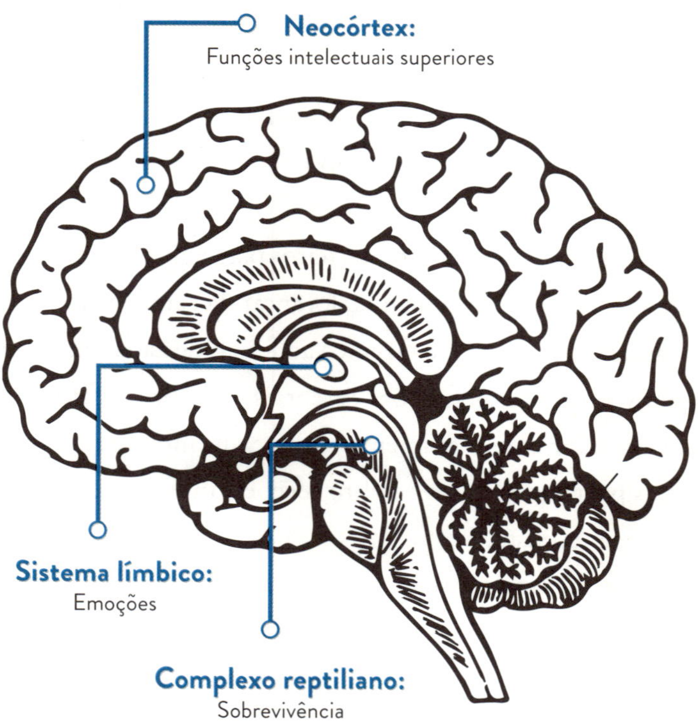

Até aqui tudo parece bem normal em relação ao nosso funcionamento neurológico, mas você já deve estar se perguntando: "Tá, Dr. Ju, mas em que ponto o vício entra nessa história?". E vou lhe responder que o vício nasce exatamente de uma comunicação desordenada entre os neurônios, que são as células excitáveis do cérebro e estão presentes em maior concentração na região cortical[12], ou seja, a zona cerebral localizada entre a razão e a emoção.

A ORIGEM DO VÍCIO

Excitação exagerada. Compulsão. Paranoia. Delírio. Descontrole. Dependência. O vício sempre será o estado alterado da mente humana, desencadeado pelo desequilíbrio de suas funções neurológicas. Agora, por que isso acontece? Basicamente, pela ação de um ou mais agentes desmotivadores na vida de qualquer ser humano, ou seja, dores, frustrações e traumas; e uma vez que não há vida sem a preservação do estado de motivação e busca de recompensa, quanto maior o desequilíbrio na relação de prazer e dissabor, mais campo fértil para a geração de um vício. Além disso, muitas vezes colocamos o resultado do que queremos obter, isto é, a recompensa, na frente de nossos valores, e a consequência desse comportamento é o vício.

Suponha que você seja uma pessoa que esteja se sentindo sobrecarregada ultimamente. Anda trabalhando cada vez mais horas, levando trabalho para casa, varando madrugada e ficando cada vez mais irritada e cansada com o ambiente ao redor: trânsito, contas, problemas domésticos. A lista não para. Então, certo dia você recebe um convite de uns amigos para um happy hour numa sexta à noite e, como já está no limite, o "eu mereço" (olha aí a busca da recompensa) vence a dialética entre a razão e a emoção na sua cabeça, e nada de mais até aqui, pois vida social também faz parte da manutenção da saúde mental.

O problema só começa a acontecer quando a primeira dose já não é mais suficiente. O estado de euforia e perda temporária do senso crítico costuma aparecer após algumas doses, e parece até que você é bastante resistente e nem se embebeda tão fácil! Mas sem perceber a sua dopamina já subiu, e a esperada recompensa finalmente chega, percorrendo suas veias e enviando para o seu sistema nervoso a resposta de prazer que o motivou a aceitar aquele convite. A noite passa sem que você sinta, e o álcool é registrado em sua mente como uma fonte de prazer.

Essa memória que você armazenou é captada pelos denominados *engramas*[13], que são um conjunto de neurônios responsáveis por guardar a informação de um comportamento, seja ele benéfico ou não. O tempo todo estamos captando informações, processando-as em nosso cérebro e gerando respostas, e dentro desse contexto o fator principal do nosso funcionamento é a motivação para uma recompensa. Em outras palavras:

> **Só fazemos tudo o que fazemos em função de recompensas, e estas, biologicamente falando, são representadas pela dopamina, o nosso neurotransmissor responsável pela sensação de prazer.**

Com base nessa informação, você consegue imaginar o que acontece quando o que você anda fazendo começa a aumentar cada vez mais os seus níveis de estresse e diminuir drasticamente o nível de dopamina no seu cérebro? Desânimo total é a resposta, seguida de uma necessidade latente de buscar uma nova fonte de prazer[14].

É assim que apenas as saídas após o expediente para um happy hour esporádico com os amigos já não surtem mais efeito, pois a necessidade de inundar o corpo com a sensação de satisfação, bem-estar e prazer fica cada vez mais urgente. Em tempos de delivery de bebida, o problema inicial de não ter a bebida em casa agora está resolvido. Porém, o que a mente que começa a ser traída pelos picos dopaminérgicos com a entrada das substâncias que causam a excitação da recompensa não sabe é que a dose vai precisar ser cada vez maior para provocar o mesmo efeito, afinal, a neuroplasticidade do nosso cérebro foi feita para justamente aumentar os nossos receptores do sistema nervoso diante de cada nova experiência.

Esse aumento dos receptores cerebrais ocorre em razão da formação dos nossos hábitos[15]. Somos essencialmente seres de rotina e, para que ela seja mantida, precisamos formar hábitos que se consolidam com o nosso desenvolvimento e a potenciação de memória. Contudo, é nessa hora que uma porta de entrada para um potencial vício é aberta, pois agentes estressores como frustrações, traumas e outros fatores acabam provocando um curto-circuito entre a razão e a emoção do indivíduo. Em seguida, há um disparo no sistema nervoso central para a busca de dopamina de forma instantânea, em vez de esperar que o próprio corpo a produza, afinal, a capacidade de aguardar a resposta natural do sistema biológico agora está afetada pela ansiedade, pelo alto nível excitatório que, se não atendido, pode gerar uma debilitante crise de abstinência. Assim, perde-se a capacidade de pensar, e agora está instalado o vício.

A ROTINA DO VÍCIO

De acordo com o mais recente relatório sobre consumo de drogas no mundo divulgado pelas Nações Unidas (UNODC World Drug Report 2022), cerca de 284 milhões de pessoas entre 15 e 64 anos usaram drogas em todo o mundo em 2020, um aumento de 26% em relação à década anterior[16]. Segundo esse relatório, na África e na América Latina, pessoas com menos de 35 anos representam a maioria da população em tratamento para transtornos relacionados ao uso de entorpecentes. E esses dados são apenas um pequeno recorte do mapa do vício pelo mundo.

Drogas. Álcool. Jogos. Pornografia. Internet. Comida. Compras. Milhões de pessoas no mundo todo, neste exato momento, precisam cada vez mais de uma dose daquilo em que estão aprisionadas sem nunca alcançarem o preenchimento do vazio que sentem. A rotina do vício as faz criar realidades inteiras dentro de simulações como os jogos na internet, enquanto as deixa incapazes de criar uma vida de verdade fora desse mundo viciado que as consome. Essa mesma rotina exerce um domínio na mente afetada pelo vício que a faz buscar o efeito da novidade a cada feed visualizado na rede social... Horas depois, a pessoa continua presa nesse looping, pois o principal motivo para essa ação é a recompensa que ela busca sentir assim que souber o que vem depois. Mas o resultado que se segue é apenas uma excitação mental que culminará num efeito rebote de exaustão e déficit neurológico[17].

> **Enquanto você não prestar atenção ao que o motiva, a busca desenfreada pela recompensa será a paralisia da sua vida.**

Lembremos o que disse São Tomás de Aquino, comentando Aristóteles: "*Homo est quodammodo omnia*", ou seja, "o homem é, de certa forma, todas as coisas". Esta frase, citada em "Suma contra os gentios" (IV, 11), traz consigo a ideia de que a subjetividade humana é uma expressão do ser em sua perfeição, o que confere dignidade e poder a cada indivíduo sobre sua própria vida. Portanto, nossa vida, hábitos e vícios não podem ser analisados isoladamente; devem ser vistos como um todo, um complexo entrelaçado entre o interior (o eu subjetivo) e o exterior (comportamentos, atitudes, hábitos e afins).

Ao longo da história humana, esses e tantos outros cientistas e estudiosos, como Albert Bandura, Viktor Frankl, Rollo May, Freud, Pavlov, Skinner, Carl Rogers, Abraham Maslow e Martin Seligman, abordaram o vício como uma interação entre fatores pessoais, comportamentais e ambientais.

> **Usar o vício como escudo contra a sua dor é a forma mais rápida de se chegar ao precipício.**

Freud, com sua proposta do inconsciente e mecanismos de defesa, leva-nos a refletir: quantos de nossos vícios não são, em essência, formas do eu do sujeito de mascarar nossos medos e angústias? A substância ou o comportamento viciante podem atuar como escudos, isto é, tentativas desesperadas do nosso eu interior de proteger-nos de dores que, paradoxalmente, nós mesmos criamos[18]. Segundo Freud[19], o vício pode, por exemplo, vir como uma forma de defesa psicológica, em que o indivíduo usa uma substância ou passa a ter determinado comportamento para evitar o confronto com emoções e conflitos internos.

Já aspectos exteriores do vício, como comportamentos e hábitos, são destacados por Pavlov e Skinner. Esses cientistas destacaram o processo de condicionamento, que explica como o ambiente e as recompensas que recebemos moldam o que fazemos. Condicionamentos esses que podem tanto nos proporcionar hábitos saudáveis quanto nos arrastar para vícios[20].

Pavlov, fisiologista russo vencedor do Prêmio Nobel em 1904, abordou o vício como um comportamento condicionado do indivíduo que aprende a associar uma substância ou comportamento a uma recompensa ou ao alívio do desconforto[21]. B. F. Skinner, fundador do Behaviorismo Radical, prefere ver no vício um comportamento operante, isto é, uma forma de o indivíduo operar no ambiente que é mantida por reforços que surgem em consequência dessas ações[22].

Ao olharmos para as teorias humanistas em Psicologia, como as de Rogers, Maslow, Seligman e outros, percebemos que o vício pode também ser visto como um grito da nossa alma, um pedido de ajuda diante da falta de realização pessoal, da falta de um propósito maior. O vício, nesse sentido, pode ser um reflexo da nossa busca desesperada[23], mas desorientada, por esse descanso, por essa paz que apenas a conexão com o divino pode trazer.

EXISTE UM CAMINHO DE VOLTA?

Os motivos ou as dores da pessoa levada pelo vício são muitos. Além disso, você já parou para analisar qual o custo da ilusão de poder que ele causa diante da sensação de prazer momentânea? E quanto à culpa, ao sofrimento, ao sacrifício, à lágrima de uma esposa, à tristeza dos filhos?

O vício é um ladrão da autonomia do ser humano. Ao se viciar, a pessoa perde o seu livre-arbítrio[24], estágio este em que ela flexibiliza tanto os seus valores de vida pela busca do prazer que nem se dá mais conta de que já está no processo do vício, e muito provavelmente há muito tempo.

No entanto, sempre haverá um convite para ficar ou sair dele. O combate e a extirpação do vício se dão por meio da entrada e preservação do seu oposto, que está presente em cada um de nós, e esse oposto do vício é denominado **virtude**.

“A virtude é o caminho de lapidar a si próprio para sempre estar melhor. Nesse processo virtuoso, tudo que você busca fazer tem a finalidade de melhorar o seu dia a dia, aprimorar o seu relacionamento com as pessoas à sua volta, fortalecer os seus hábitos bons e propósitos de vida, aprimorando tudo aquilo que o leva ao caminho de autorrealização e expansão da sua existência.”

PRAZER A TODO CUSTO – JULIANO PIMENTEL

Agora, engana-se quem acredita que a melhora de vida é impossível de se alcançar quando um vício já está instalado, pois a grande sacada aqui reside no fato de tanto o vício como a virtude estarem localizados na mesma área do sistema nervoso central. Uma vez que ambos estão baseados na mesma região do cérebro[25], ao dominarmos o seu funcionamento, seremos capazes de "hackear" o seu próprio sistema e criar novas conexões neurais, afinal, nossos neurônios são "plásticos", o que significa que podemos mudar sua estrutura de modo a potencializar a sua funcionalidade para combater um padrão de comportamento ruim (vício) e instalar um novo padrão de comportamento saudável (virtude).

Agora, como se dá esse *processo de hackeamento* do nosso próprio sistema de pensamento para se livrar do vício e do consequente pesadelo que a vida se torna ao buscar o prazer a todo custo é o que explicarei nos próximos capítulos. Ao longo desta obra, será apresentada uma abordagem multidisciplinar e holística para prevenir e tratar o vício, levando em consideração os diferentes fatores mencionados anteriormente.

O processo de construção de novas virtudes que eliminará a ação corrosiva dos vícios inclui o aperfeiçoamento em três inteligências, **intelectual**[26], **afetiva**[27] e **espiritual**[28], e em cada uma delas os seguintes eixos serão cuidadosamente trabalhados: **autoconhecimento**, ou seja, a compreensão das próprias necessidades e desejos; **empatia**, que ensinará a ser sensível às necessidades e às expectativas alheias; **autenticidade**, caminho que mostra como ser genuíno e verdadeiro na expressão do amor; **resiliência**, que revela como lidar com adversidades e desafios no amor; **comunicação** eficaz, que consiste em expressar amor de maneira clara e objetiva; **flexibilidade**, mostrando como é possível adaptar-se às mudanças nos relacionamentos e na vida; e por fim, **compromisso**, que envolve investimento de tempo e energia no aprimoramento de nossas relações. Ao passar por cada uma dessas etapas de aprimoramento da sua própria existência, chegará um momento em que você não mais dependerá do seu intelecto, pois o estado de motivação será plenamente visceral, isto é, intuitivo e automático.

Para finalizar este capítulo, compartilho uma pequena história vinda da mitologia nórdica. Fique atento, porque ela traz uma vital sabedoria a respeito dos vícios.

"Conta a lenda que um dia Thor, deus do trovão, foi desafiado pelos gigantes do gelo. O desafio não era para uma batalha, visto que nessa disputa Thor venceria facilmente. Em vez disso, os gigantes disseram ser capazes de beber mais hidromel que o filho de Odin. Começa assim a competição entre Thor e Loki, um dos gigantes, e cada um passa a tomar uma caneca de hidromel para si. Depois de alguns goles, Thor estranhou que o conteúdo da caneca não parecia diminuir. Orgulhoso, o deus do trovão continuou bebendo. Apenas depois que foi derrotado e humilhado, Thor percebeu algo que sua arrogância não lhe deixara ver antes. Sua caneca estava encantada, de modo que nela coubesse um oceano de bebida alcoólica. Se não fosse por seu orgulho, que o fazia se julgar invencível, Thor teria entendido o problema em que estava metido e parado de beber enquanto era tempo."

Antes de avançar para o próximo capítulo, acompanhe a recapitulação dos pontos-chave do capítulo e, em seguida, inclua suas respostas.

1. A origem dos vícios passa por nossa natureza corporal. Nosso cérebro pode ser quimicamente capturado por eles. Mas essa origem, fundamentalmente, encontra-se em nossos desejos não satisfeitos e outras circunstâncias do nosso ser no mundo. **Quais desejos você tem alimentado em si e como tem buscado satisfazê-los?**

____

____

____

____

____

____

2. A rotina do vício, isto é, como ele é fortalecido e perpetuado, passa pela compreensão da psicologia humana. Nossas motivações, atitudes, comportamentos criam um ambiente que se torna uma prisão quando vivemos viciados em algo. **Em quais ambientes você tem vivido? Já parou para analisar quais são importantes manter e de quais deve sair imediatamente?**

____

____

____

____

____

____

3. Há um caminho de volta. É possível se libertar dos vícios. E esse caminho coincide com o das virtudes, isto é, qualidades psicológicas indispensáveis para uma vida livre e feliz. **Descreva ao menos três qualidades pessoais que você considera suas virtudes e o que tem feito para aprimorá-las. Em seguida, comente outras três que você gostaria de alcançar, mas ainda não o fez. Reflita sobre o porquê de ainda não estar com todas as virtudes desejadas.**

II

A ENGENHARIA DO VÍCIO

"Apenas uma linha tênue
separa a escravização do prazer da
verdadeira motivação para viver."

PRAZER A TODO CUSTO – JULIANO PIMENTEL

A criação de um vício nunca começa de maneira isolada, pois há na realidade toda uma engenharia por trás de sua formação e consolidação em nosso cérebro[29]. Mas a grande questão é por que ocorre a motivação para que vivamos viciados.

Como você viu no capítulo anterior, a origem do vício está na mesma região do prazer em nosso cérebro, o que significa que a raiz do grande causador da degradação humana está naturalmente associada com a gênese da motivação. Precisamos da motivação para viver. Sem ela, você não acordaria todos os dias e poria o pé para fora da cama para manter a sua sobrevivência. Além disso, somos seres biopsicossociais[30], dotados de várias camadas – mas neste livro abordarei três inteligências, **intelectual**, **afetiva** e **espiritual**, que resumem bem todo o nosso funcionamento, explicando quais caminhos percorremos até nos perdermos nos vícios.

AS ESFERAS DO SER HUMANO

Em linhas gerais, a nossa classe de seres biopsicossociais significa que vivemos de acordo com uma **esfera biológica**, que concentra toda a nossa fisiologia, nossos trilhões de células em constante estado de criação, perecimento e regeneração, responsáveis por manter as funções essenciais do nosso corpo físico; **esfera psicológica**, na qual a mente, tanto em seu aspecto emocional quanto no racional (veja Capítulo I), é a central que comanda nossas ações e reações diante dos acontecimentos internos em nosso corpo e a interação com o ambiente externo em que vivemos; e **esfera social**, o que significa que somos gregários, ou seja, vivemos em grupo e partilhamos de hábitos que formam todo um ambiente com características de funcionamentos que nos levam a adotar diversos comportamentos.

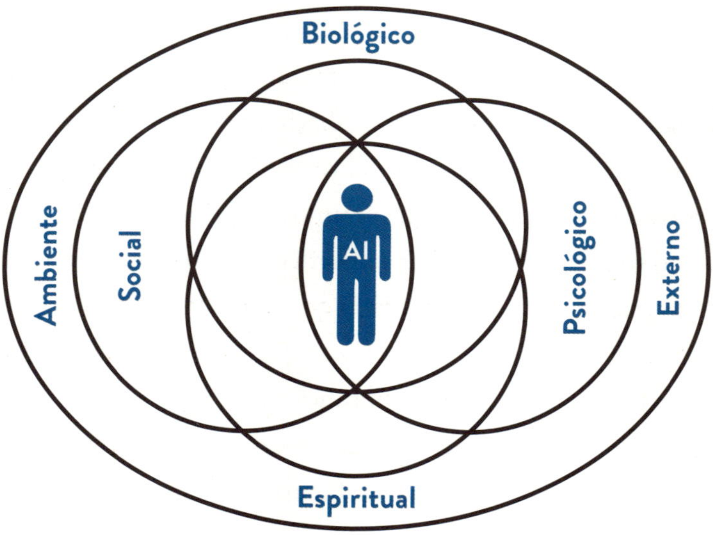

O ser humano, multideterminado, vivendo em um ambiente.

POR QUE O AMBIENTE É FATOR DETERMINANTE

As esferas em que o ser humano transita são interligadas. E sabe o que une cada parte? Basicamente o **ambiente.** Na prática, o corpo com ambiente favorável de desenvolvimento, que inclui hidratação adequada, alimentação equilibrada, rotina de exercícios, sono de qualidade e eliminação de toxinas, trará uma resposta das funções físicas bastante satisfatória[31]. E o que você criou aqui para o seu corpo? Ambiente favorável! O mesmo se dá com as outras duas esferas, pois tanto a psicológica como a social serão favorecidas ou desfavorecidas de acordo com o ambiente que geramos para ambas.

> **O que você tem criado para o seu corpo? Um ambiente favorável, com nutrição, hidratação, sono e exercícios de qualidade? Ou anda afundando-o na lama de toxinas, sedentarismo e estresse?**

Um estudo sobre dependência química realizado pela psiquiatra Nora Volkow[32] analisou o comportamento de macacos adictos e trouxe dados importantíssimos sobre o desenvolvimento do vício. Os macacos têm uma similaridade genética em torno de 98% com a nossa, e esse estudo demonstrou que os macacos dominantes, ou seja, os machos alfa, apresentavam uma resistência maior a consumir drogas. Mas por quê? Eles tinham mais acesso a comida, melhores condições de sono – pois podiam escolher onde ficar –, tinham a preferência das fêmeas, e por aí vai. Resumindo, não tinham motivos para se drogar, uma vez que o ambiente de vida deles era favorável para o bem-estar.

Agora, sabe quais eram as condições de vida dos macacos subordinados? Dormiam na chuva, comiam restos, muitas vezes apanhavam caso entrassem em disputa, sofriam por tudo. Então, quando a opção da droga lhes era apresentada, eles acabavam se afundando, afinal, o que lhes sobrava? Exatamente, nada. Apenas a anestesia travestida de prazer encontrada nos entorpecentes, um prazer destrutivo.

> **"Estar exposto a um ambiente distorcido é o primeiro passo para a formação de uma falsa ideia sobre si mesmo e para o encontro com uma letal vida de vício.**

A questão do ambiente é tão fundamental no processo de instalação do vício em nosso cérebro que outro estudioso, o médico pediatra e psicanalista Donald Woods Winnicott, desenvolveu, na década de 1960, toda uma teoria que relaciona o fator ambiental ao processo de formação do indivíduo[33].

Segundo Winnicott, a independência do ser humano nunca é absoluta, pois o indivíduo não se torna isolado, mas se relaciona com o ambiente de tal modo que ambos se tornam interdependentes. Por essa razão, ele defendia que a psique não é uma estrutura preexistente, mas algo que vai se constituindo de acordo com os estímulos recebidos do ambiente, que pode ser definido como mundo externo e interno, que concentram memórias e originam estados integrativos e não integrativos.

Baseado nessas informações, apenas imagine o que acontece a uma pessoa exposta desde a tenra infância a uma série de perturbações ambientais, como abusos, violência, traumas, que vão sendo armazenados em seu cérebro, que, por sua vez, vai produzindo uma série de gatilhos emocionais. Esse conceito é tão forte na área da psicologia que a psicanálise pós-freudiana de Winnicott fundamenta a teoria do *verdadeiro self e falso self*[4].

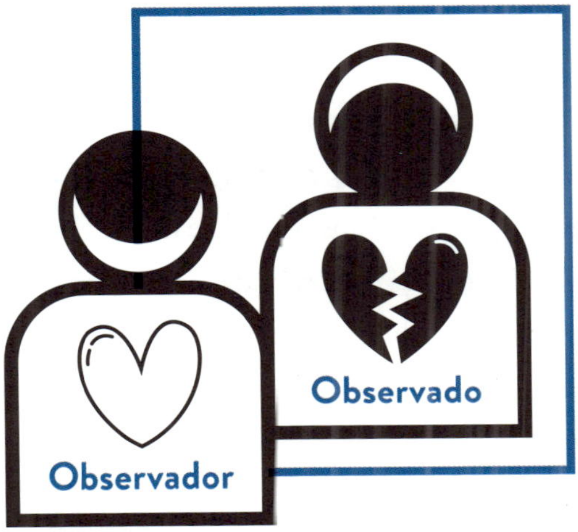

O RELACIONAMENTO TÓXICO ENTRE O FALSO EU E O VÍCIO

Todos nós viemos a este mundo para viver uma existência natural, criativa e espontânea. Já reparou no comportamento dos bebês e das crianças na primeira infância? É esse comportamento livre de simulações a expressão mais pura de sua essência que se liga ao imaterial e divino. Eles manifestam quando estão com fome, sede, sono, frio, quando necessitam do toque, da atenção. Não dissimulam, não falseiam, portanto, basicamente vivem no seu Verdadeiro Eu.

Contudo, com o passar do tempo, a criança vai crescendo e sendo exposta à hostilidade do mundo em que vive, e em meio a tantos estímulos, que em sua maioria são bastante nocivos e repressores de sua criatividade, ela vai deixando de ser ela mesma e passa a aprender mecanismos de proteção do seu Verdadeiro Eu, construindo basicamente uma personalidade falsa chamada “Falso Eu”. Afinal, com as experiências vividas no ambiente agressor, acaba buscando formas de abafar a sua essência genuinamente pura para evitar a dor.

Uma vez que o Falso Eu assume uma função de proteger e defender o Verdadeiro Eu das falhas e hostilidades do ambiente, e para isso vai lançando mão de todo recurso de adaptação e submissão a ambientes desfavoráveis, como abusos, alienação, relacionamentos tóxicos, agressões etc., a realidade que essa pessoa vai absorvendo é tão nociva ao seu Verdadeiro Eu que a sua atitude começa a ser forjada, dando espaço não apenas para enxergar a vida em preto e branco, sem sentido e sem valor, mas também para começar a entender esse mecanismo com naturalidade.

> **Quando você se der conta das mentiras que foram contadas sobre você ser incapaz, inútil, feio ou qualquer outra depreciação do gênero, finalmente terá o poder de interromper o até então infinito estado de falsidade para reconhecer quem você é de verdade.**

Para exemplificar esse conceito, vamos supor que uma pessoa excelente tenha sido traumatizada ao ser ridicularizada por não ter dinheiro. Diante dessa situação, ela cria um Falso Eu extremamente poderoso, mas todo quebrado em sua essência. O Falso Eu é formado por várias camadas, enquanto o Verdadeiro Eu é puro e simples. A falsidade e a mentira assumem múltiplas formas, com diferentes graus de apego. Nessa identificação com alguma camada do Falso Eu ocorre o processo de despersonalização, no qual justificamos nosso comportamento segundo opiniões e expectativas alheias e, dessa forma, traímos a verdade do nosso Verdadeiro Eu.

Agora, faço uma pergunta: todo esse ambiente carregado de hostilidade e maneiras de corromper a nossa verdadeira essência resulta em quê? Na criação perfeita para um estado de vício[35]. Ao passo que o estado de plenitude de verdade é um só, pois para tal liga-se à essência divina do ser humano na manifestação de seu Verdadeiro Eu, o estado de falsidade é infinito, e o sofrimento que carrega em si também – por isso ele tem vários graus. Você entende agora por que uma pessoa pode ficar tão sugestionável para se viciar? Porque ela simplesmente não vive na sua essência, que está ligada diretamente ao que, além de imaterial e divino, também podemos chamar de Eu Supremo, e que só é acessado a partir do momento em que sabemos quem somos verdadeiramente.

Imagine que a sua verdadeira essência, o seu Eu Supremo, é como uma grande e magnífica árvore. Essa árvore, que é única, tem raízes fortes e profundas que lhe dão a vitalidade e a sustentação necessárias para prosperar e crescer em direção ao céu.

Contudo, à medida que nos distanciamos dessa árvore, encontramos pelo chão sementes de falsidade. Essas sementes acabam gerando ervas daninhas, que, iludidos, plantamos ao redor da nossa árvore central. Cada uma dessas ervas daninhas representa uma faceta de nós que não é verdadeira, um Falso Eu criado em resposta a medos, expectativas ou traumas.

Essas ervas daninhas são inúmeras e crescem em todas as direções, em todos os tamanhos, formando uma floresta de falsidade ao redor da nossa árvore central. Cada uma delas carrega em si um peso de sofrimento, pois elas consomem nossos recursos vitais e nos desviam do nosso verdadeiro propósito. Tais plantas agem como pragas ou parasitas, sufocando a nossa árvore central, impedindo-nos de viver em nossa plenitude. Por essa razão, podemos nos tornar suscetíveis a vícios e a outros comportamentos prejudiciais. Essas práticas podem ser vistas como tentativas de regar e nutrir essa falsa floresta na vã esperança de que ela possa nos trazer algum conforto ou segurança.

Entretanto, a verdadeira paz e a plenitude só podem ser encontradas quando retornamos à nossa árvore central, ao nosso Eu Supremo. É como se precisássemos fazer uma longa e desafiadora jornada de volta por meio dessa floresta de falsidade, removendo cada espécie invasora e parasitária encontrada pelo caminho, até que finalmente conseguimos chegar à nossa árvore central, à nossa verdadeira essência. É semelhante ao Pequeno Príncipe[36], que precisa continuamente cuidar de seu jardim removendo os baobás, vegetal que, se não for podado, pode destruir todo o seu planeta. Aqui, protegidos pela grande sombra de nossa árvore central, descobrimos quem realmente somos e nos reconectamos com nosso Eu Supremo. A partir desse ponto, encontramos a verdadeira força, paz e plenitude dentro de nós mesmos.

Essa é a essência do nosso despertar: a jornada de volta à nossa árvore central, ao nosso Eu Supremo. E é nessa jornada que encontramos a cura para nossos vícios e sofrimentos e descobrimos a verdadeira alegria e plenitude de ser quem realmente somos.

SAINDO DA CAVERNA

Como saber quem somos nós em verdade e essência? Convido-o, a partir de agora, a fazer um breve mergulho pelo campo da filosofia, que sempre se propôs a investigar a nossa existência, bem como nosso mundo, utilizando-se da sabedoria para encontrar as respostas, a fim de entendermos o que vem a ser o autoconhecimento.

Para os gregos, o "autoconhecimento" era visto como um processo essencial para a busca da verdade e da sabedoria. Entre os filósofos mais célebres, Sócrates foi um dos maiores, em decorrência de sua abordagem sobre o tema[37]. De acordo com seus ensinamentos, o autoconhecimento envolvia uma reflexão profunda sobre si mesmo, incluindo uma análise de seus próprios pensamentos, crenças e valores. Ele acreditava que a capacidade de conhecermos a nós mesmos era fundamental para uma vida plena e para o desenvolvimento de uma personalidade equilibrada. Segundo sua teoria, por meio de uma série de perguntas e respostas, conhecida como "maiêutica"[38], a pessoa descobriria a verdade sobre si mesma e aprenderia que ela já estaria presente dentro de si.

Sabe aquela famosa frase "Conhece-te a ti mesmo"? Pois bem, essa máxima, que foi atribuída ao Templo de Delfos e levada extremamente a sério pela religião e cultura gregas na Grécia Antiga, sugere que a verdadeira sabedoria começa com a autoconsciência e a compreensão de si mesmo, além de ser considerada uma orientação fundamental para a busca da verdade, da sabedoria e da virtude. Ela também nos convida a explorarmos nossos próprios pensamentos, emoções, valores e crenças, para que possamos desenvolver uma visão mais clara e objetiva de nós mesmos e do mundo ao nosso redor. Mas o que acontece caso não acessemos nem a nós, buscando compreender nossas emoções e sentimentos, nem o mundo ao nosso redor? Basicamente ficaremos presos numa caverna, tal qual no Mito da Caverna de Platão[39].

O Mito da Caverna é uma das obras filosóficas mais conhecidas e discutidas de todos os tempos. Na história, há um grupo de pessoas que estão presas numa caverna, com os braços, pernas e pescoços acorrentados, e todas elas estão voltadas para a parede no fundo da caverna. Atrás dessas pessoas acorrentadas havia uma fogueira, e, à medida que passavam outras pessoas que transportavam alguns objetos de um lado para o outro na frente dessa fogueira, as sombras que acabavam sendo projetadas nas paredes eram entendidas como a realidade para aqueles que eram mantidos como prisioneiros.

Agora, preste bem atenção. O que de fato aquelas pessoas viam era o mundo real? Claro que não! E uma delas somente se dá conta disso no dia em que consegue se soltar e sair correndo da caverna. A pessoa que consegue esse feito fica maravilhada com o que descobre lá fora, pois finalmente alcança a sabedoria e conhece a verdade. E o mais impressionante é que ela resolve voltar e contar aos colegas o que havia descoberto; mas, assustados e indignados, eles se recusam a acreditar, resolvendo permanecer na ignorância de seu mundo fechado, que era aquela caverna.

A QUEDA DE ANA: ENTRE A LUXÚRIA DO CONSUMO E O ABISMO FINANCEIRO

Ana, uma mulher de espírito vibrante e ambição feroz, encontrou-se enredada nas sedutoras garras do consumo. O que começou como uma indulgência ocasional, uma recompensa por seu árduo trabalho, degenerou-se em uma obsessão avassaladora. A cada nova aquisição, Ana sentia uma efêmera onda de euforia, um alívio momentâneo das pressões e expectativas que a cercavam. Mas esse alívio era apenas isso: momentâneo.

A cada dia que passava, o vício de Ana em comprar intensificava-se. Lojas online tornaram-se seus destinos mais frequentados, cada clique, cada compra, uma promessa de felicidade que nunca se concretizava. Seu apartamento, uma vez meticulosamente organizado, estava agora abarrotado de itens não utilizados, etiquetas ainda presas, testemunhas silenciosas de sua incessante busca por satisfação.

A obsessão de Ana pelo consumo começou a consumir não apenas seu espaço físico, mas também suas finanças. Cartões de crédito atingiram seus limites, empréstimos foram tomados, e poupanças, esgotadas. A situação financeira de Ana tornou-se um castelo de cartas, vacilante ao menor sopro de realidade.

Desesperada para manter seu estilo de vida insustentável, Ana cruzou um limiar do qual não havia retorno. Dinheiro da empresa, destinado a despesas operacionais, foi desviado para saciar seu vício. Cartões corporativos foram usados em uma tentativa frenética de manter a ilusão de controle. Cada transação era uma aposta, um jogo perigoso em que o preço era sua integridade e carreira.

O vício de Ana não era uma ilha; suas ondas de choque atingiram todos ao seu redor. A família, uma vez seu porto seguro, encontrou-se em meio a uma tempestade de dívidas e desconfianças. Promessas de mudança foram feitas e quebradas, cada falha um golpe no tecido já desgastado de seus relacionamentos.

A verdade, como sempre, encontrou seu caminho à luz. A descoberta de suas transgressões pela empresa desencadeou uma cadeia de eventos que Ana só poderia descrever como seu inferno pessoal. A vergonha de enfrentar seus colegas, a humilhação de ter suas falhas expostas, foi um peso que ela mal conseguia suportar.

Em meio ao caos de sua própria criação, Ana buscou refúgio onde sempre o fez: nas compras. Mas cada nova aquisição era agora tingida com o veneno da culpa e do remorso. O prazer que uma vez derivou de seus benefícios havia se evaporado, deixando apenas a dor de sua perda iminente.

Confrontada com a perda de seu emprego, a desintegração de sua família e a ruína financeira, Ana chegou ao seu ponto de ruptura. O vazio que ela tentou preencher com objetos materiais gritava agora com uma clareza ensurdecedora. Em um momento de desespero, ela se viu à beira de um abismo, contemplando o custo real de sua obsessão.

A jornada de Ana para a recuperação foi marcada não por um, mas por muitos despertares amargos. Cada dia era uma luta contra o impulso de buscar conforto nas compras, cada noite, um confronto com as consequências de suas ações. A estrada para a redenção estava pavimentada com pequenas vitórias e recaídas dolorosas, um lembrete constante de que a batalha contra o vício é travada um dia de cada vez.

A história de Ana termina não com uma conclusão definitiva, mas com uma pausa reflexiva. Ela se encontra em um limbo, oscilando entre o passado de excessos e a promessa incerta de um futuro reconstruído. Sua saga é um espelho das lutas enfrentadas por muitos, um testemunho da complexidade do vício e da fragilidade humana.

Ana permanece, em muitos aspectos, uma obra inacabada, uma personagem cujo destino é tão incerto quanto o nosso. Sua história é uma lembrança sombria de que, na busca pelo preenchimento, podemos nos perder tão completamente que encontrar o caminho de volta é a maior batalha de todas.

“Enquanto abraçarmos a ignorância de não buscarmos saber quem somos em razão do medo que alimentamos de sair do mundinho que acreditamos ser a nossa verdade, seremos sempre prisioneiros dos vícios e cada vez mais distanciados de nossas virtudes.”

PRAZER A TODO CUSTO – JULIANO PIMENTEL

Não só na filosofia grega temos a exultação do autoconhecimento, mas também no budismo, que o abordava de uma maneira profunda e significativa. Segundo Buda[40], o autoconhecimento é o primeiro passo para a libertação do sofrimento e para o alcance da iluminação.

Para Buda, o autoconhecimento envolve uma reflexão profunda sobre a natureza da mente e dos pensamentos. Ele enfatizava a importância de observar a mente e os pensamentos sem julgamentos e, com compaixão, reconhecia que todos os seres humanos estariam sujeitos a emoções e pensamentos negativos.

Agora é na meditação[41] que, segundo o budismo, uma pessoa pode observar a si mesma de uma forma mais profunda, sem distrações ou interferências externas, desenvolvendo assim maior consciência de seus pensamentos, emoções e sensações físicas, o que a levaria a maior entendimento e controle sobre a sua mente. Essa compreensão sobre si mesmo ajuda também no processo da sabedoria, generosidade, compaixão, superação das causas do sofrimento e alcance da iluminação.

É preciso entender que, em cada fonte que busquemos encontrar as respostas sobre como eliminar os vícios, iremos nos deparar com o autoconhecimento, que pode ser considerado um dos princípios do caminho da virtude.

Além disso, sempre haverá uma luta entre a carne e o espírito, um duelo entre o vício e a virtude, como é descrito na carta de São Paulo aos Gálatas:

"Porque a carne luta contra o Espírito, e o Espírito luta contra a carne, porque são opostos entre si, para que vocês não façam o que querem." (Gal, 5:17)

Paulo, o apóstolo, foi uma figura central no desenvolvimento do cristianismo primitivo, e sua visão sobre o autoconhecimento era influenciada por suas crenças religiosas e espirituais. Para ele, o autoconhecimento era fundamental para o desenvolvimento espiritual e para a conexão com Deus. Ele acreditava que a vida humana era caracterizada por uma luta entre o "Eu" e o "Espírito" e que o autoconhecimento era necessário para superar as inclinações egoístas do "Eu" e se aproximar da presença divina.

Paulo também enfatizava a importância da oração e da meditação como ferramentas para o autoconhecimento e para a conexão com Deus, assim como a importância de cultivar valores como a fé, a esperança e o amor, que ajudam a pessoa a se tornar mais consciente de sua relação com Deus e com os outros.

Além disso, Paulo acreditava que o autoconhecimento era uma jornada contínua e que a pessoa deveria estar sempre em busca de maior compreensão de si mesma e de Deus[42]. Ele acreditava que essa busca era essencial para a vida espiritual e para a realização do propósito divino na vida de cada pessoa.

Em suma, na visão desse apóstolo, o autoconhecimento era fundamental para a conexão com Deus e para o desenvolvimento espiritual. Ele enfatizava a importância da oração, da meditação e do cultivo de valores positivos como a fé, a esperança e o amor para o autoconhecimento e para a vida espiritual.

Mais uma vez você pode ver que cada corrente científica, filosófica ou religiosa leva ao seguinte: o caminho de saída da caverna somente será possível quando você acessar a sua verdadeira essência, revelada pelo autoconhecimento, com o cultivo da sabedoria.

> **Se alguma vez você já se perguntou como é possível estar mais perto de Deus, comece aprendendo mais sobre si mesmo.**

INTELIGÊNCIA COGNITIVA, INTELIGÊNCIA AFETIVA E INTELIGÊNCIA ESPIRITUAL

Você não é sua mente. Sua mente é um servo de seu Verdadeiro Eu. E esse servo tem ferramentas chamadas inteligências. Chegou a hora de falarmos sobre elas. Como você tem cuidado de suas inteligências? Independentemente de já ter alguma noção ou nenhuma sobre esse assunto, continue ligado na leitura deste capítulo para finalmente compreender como é possível escanear a engenharia do vício para começar a hackear esse sistema e resgatar o seu Verdadeiro Eu. A mente, serva de nosso Eu, assume diferentes funções. Ora lida com temas mais racionais do mundo material, ora com nossas emoções, bem como com as emoções dos outros. E, por fim, nossa serva interior lida também com o transcendente.

Provavelmente você já ouviu o clássico termo "faculdades mentais", e a elas recorremos diariamente no uso de nosso intelecto, das habilidades cognitivas de que dispomos e que foram construídas ao longo de toda a nossa formação. É por meio delas que utilizamos a razão para compreender as coisas do mundo e assim tomamos decisões práticas e funcionais nas mais variadas situações, desde o simples escovar de dentes até desempenhar nosso trabalho ao longo do dia. Dessa maneira, por estarem ligadas ao intelecto, chamamos esse conjunto de faculdades mentais de "**inteligência cognitiva**", instância primordial para o nosso estado consciente, que é responsável por identificar o que fazemos. Sem ela, seria impossível produzir ações com base em escolhas e gerar resultados.

Contudo, duas necessidades básicas são inerentes ao ser humano. Elas são denominadas "expansão" e "conexão", e com base nelas duas outras inteligências formam o nosso tripé mental, pois, com a **inteligência afetiva**, tem-se a "expansão", e com a **inteligência espiritual** se alcança a "conexão". "Mas o que você quer dizer com isso, Dr. Ju!?" Calma, que vou explicar.

Como já contei aqui, a nossa essência que forja o nosso Verdadeiro Eu foi projetada para se expressar, criar e realizar em maestria os dons a nós conferidos pelo Eu Supremo. Sendo assim, será preciso tirar do seu âmago aquilo que você nem sabe ainda que tem, para entregar algo muito melhor ao mundo, e a isso chamamos de "expansão". Quando não expandimos, e nos trancafiamos em nossa própria mente sob o jugo do medo, podemos passar uma vida inteira sem realizar o que realmente viemos fazer nesta Terra, e assim retrocedemos ao ponto de muitas vezes sufocar de tanta frustração. Aliás, percebe agora por que tantos vícios são gerados como alternativas à sufocante sensação de encolhimento diante da sua própria vida, que deve ser de plena expansão?

Ainda nesse contexto de expansão, a respectiva inteligência ligada a si é a "**afetiva**", uma vez que esta entende e gerencia as próprias emoções e as emoções dos outros[43]. Logo, envolve competências como o autoconhecimento, a autorregulação, a empatia e a habilidade social. Além disso, é importante para a comunicação eficaz, a tomada de decisões e a construção de relacionamentos saudáveis, que são todos norteadores do processo de expansão, afinal, o fato de nos colocarmos em movimento nos leva muito além do que acreditamos ser capazes de fazer.

No entanto, não há um real processo de expansão enquanto não houver a verdadeira "conexão" com o Espírito. Lembro que, alguns anos atrás, mencionei em um dos meus workshops que "a felicidade é um estado de espírito, por isso é preciso mantê-lo aceso". E o que isso significa? Simplesmente que não tem como tirar o aspecto espiritual de absolutamente coisa alguma que fazemos e vivenciamos. A alma contempla o que a alimenta: o espírito. Além disso, apenas quando estamos espiritualmente forjados para algo maior é que somos capazes de usar nossa máxima capacidade de "**inteligência espiritual**" e assim transcender. Em outras palavras, você só transcende quando aceita o chamado para aquilo que nem sabe ainda o que é, porém, as setas de sinalização em direção a esse cumprimento de propósito estão no Espírito.

Por essa razão, compreender e lidar com questões de significado e propósito na vida fazem parte dessa inteligência espiritual, que envolve a capacidade de se conectar com o mundo interior e com uma fonte maior de sabedoria e orientação. Ela é importante para a busca de valores e propósitos pessoais, a compreensão de questões existenciais e o desenvolvimento de um senso de conexão com algo maior do que nós mesmos.

Uma vez que o entendimento sobre essa tríade estiver consolidado em você, será capaz de hackear e derrubar o sistema do vício que anda controlando-o, ao desarmar os padrões de defesa que andou criando mediante o desconforto da dor. Por fim, perceberá também que esse sentimento de desconexão que você por vezes pode sentir é apenas uma ilusão da sua cabeça, pois **toda identificação gera limitação.**

Antes de avançar para o próximo capítulo, acompanhe a recapitulação dos pontos-chave do capítulo e, em seguida, inclua suas respostas.

1. Autoconhecimento é o antídoto contra o vício. Apenas compreendendo o ser humano em sua complexidade poderemos trilhar o caminho da libertação. **Qual prática diária você tem adotado para aprimorar seu autoconhecimento?**

____
____
____
____
____
____

2. Temos uma inteligência afetiva, que lida com nossas emoções; uma inteligência cognitiva, que supre nossa mente com a razão; e uma inteligência espiritual, que nos conecta com o transcendente e a busca de sentido na vida. A pessoa que vive livre de vícios põe todas essas inteligências em ação. **Descreva a última vez em que você uniu essas três inteligências a fim de transpor alguma situação de confronto em sua vida.**

____
____
____
____
____
____

3. Cada um de nós vive acerca de influências da esfera biológica, da psicológica e da social, bem como de determinado ambiente, do qual carregamos uma história pessoal única. Por isso, nenhum vício é idêntico ao outro, e o caminho para se libertar deles precisa da aquisição de características pessoais de quem perfaz todo esse percurso. **Com base no que você acabou de ler neste capítulo, como descreveria o percurso biopsicossocial, bem como os ambientes de vida que o trouxeram ao ponto em que você está hoje, e o que você mudaria? Comente.**

III

O PAPEL DAS VIRTUDES

“A única maneira de se livrar da ação corrosiva do vício é olhar para dentro e para o alto, pois, ao se revestir de autoconhecimento e da conexão com o sagrado, não há trevas que resistam à luz das virtudes.”

PRAZER A TODO CUSTO – JULIANO PIMENTEL

"Hábito" é uma palavra que define tudo que nos cerca e conduz nossas vidas. Por essa razão, para se compreender o papel das virtudes, é preciso ter em mente que **tanto os vícios quanto as virtudes também são hábitos**. Uma vez que nosso cérebro foi feito para automatizar processos[44], os hábitos são construídos para gerar uma resposta automática.

Partindo dessa premissa, quando falamos em virtudes, estas são qualidades que temos e que nos orientam quanto ao nosso agir. Há diferentes tipos de virtudes, ou seja, elas variam conforme o contexto social e moral. Por exemplo, a generosidade infelizmente não é vista como uma virtude em ambientes voltados para a ganância. Contudo, também há virtudes universais, como a coragem e a justiça. Estas últimas são aspectos virtuosos importantíssimos que a humanidade inteira tem em comum, além de serem fundamentais no combate ao vício.

Já o vício, como vimos anteriormente, consiste em um padrão comportamental prejudicial e compulsivo que traz consequências negativas. Apesar de a relação entre vícios e virtudes ser tema de debate filosófico de longa data, se pensarmos nas principais virtudes do ser humano, cada uma delas é determinante no processo de fortalecimento do indivíduo diante da exposição contínua a pessoas, situações e ambientes causadores dos mais diversos vícios.

AS PRINCIPAIS VIRTUDES

Consideremos as principais virtudes morais segundo Aristóteles[45]: coragem; temperança; generosidade; desprendimento; serenidade; justiça; gentileza; prudência e honestidade. Cada uma dessas virtudes é um meio-termo entre dois vícios:

A temperança, por exemplo, é uma virtude destacada por Aristóteles como a busca pelo meio-termo saudável em tudo. Agir de forma temperada nos ajuda com o autocontrole para evitar comportamentos excessivos e rompantes[46]. Pense na temperança como uma expressão da coragem de dizer não aos excessos e às carências. Ela nos ajuda a modular a intensidade de ação dentro de um aspecto muito específico, pois, se agirmos com muita impulsividade toda vez diante de qualquer situação, trocaremos os pés pelas mãos constantemente.

Falemos da coragem[47]. Você pode e deve realmente ser corajoso, mas, se aliar essa virtude à temperança, saberá agir com prudência, que inclusive é uma das principais virtudes no combate aos vícios, como você verá a seguir. Dessa maneira, estará envolto em um círculo virtuoso no qual cada aspecto o faz sair da rota de colisão com o vício e viver cada vez mais próximo da plenitude proporcionada pelas virtudes.

> **A coragem permite enfrentar os obstáculos que surgem ao longo da vida, transcender o medo que criamos em nossa cabeça, mesmo quando é algo extremamente difícil, por exemplo, uma situação de iminente risco à vida, como aconteceu na história da batalha contra o câncer da minha esposa, Carol, que compartilhei em meu livro anterior, *Ansiedade*[48].**

Somos capazes de conseguir desenvolver essa coragem para enfrentar os desafios no combate ao vício, conseguindo ser humilde, que é outra poderosa virtude, para buscar apoio e determinação para se levantar novamente depois de recaídas. Parafraseando Santa Teresa D'Ávila, considerada doutora da Igreja, e cujo trabalho admiro muito:

> *Santo não é aquele que não cai,*
> *mas aquele que se levanta cada vez*
> *mais forte toda vez que cai.*

Agora peguemos a prudência[49], por exemplo, que consiste em tomar decisões sábias e fundamentadas em conselhos daqueles que o amam, nos ensinamentos espirituais recebidos, como é o caso de ouvir pai e mãe, segundo os preceitos judaico-cristãos, assim como a voz *interior* que o conduz de maneira geral. Todas essas práticas de prudência melhoram o potencial de ação do indivíduo, pois, sempre que houver prudência, também haverá a sensação de bem-estar geral.

Um dos grandes exemplos de prudência é atribuído à figura de Jesus. Apesar de, em um primeiro momento, não ter parecido temperado ao pegar o chicote para entrar no templo[50], essa atitude, que foi um sinal de ira, não deixou de ser acompanhada da prudência, a qual, junto à coragem, colocada em primeira instância, moveu-o em direção ao que tinha de fazer – no caso, expulsar todos aqueles que estavam fazendo do templo uma casa de comércio. Fez o que tinha de fazer e voltou para o eixo rapidamente, ou seja, ele foi justo, que é outra virtude, como acabei de dizer. A justiça é a virtude que nos orienta a tratar os outros e a nós mesmos com igualdade, ainda que sua prática tenha um peso muito grande.

É importante também salientar que todas as ações virtuosas são guiadas pela compaixão e influenciadas por ambientes nos quais a empatia ainda importa. Posso, por exemplo, não concordar com o outro, mas entendo o que está por trás de sua atitude, por mais que ele esteja errado. Se aquilo é justo para ele, quem sou eu para atirar pedras?

A imprescindível relação entre autodomínio e autocontrole na construção das virtudes

O autodomínio, que é o conhecimento de quem você é, bem como a consciência da sua estrutura como um todo, ou seja, o entendimento tanto das suas qualidades quanto das suas fraquezas, é também uma das principais virtudes que sempre andaram junto à humanidade no combate ao vício. Já o autocontrole consiste na maneira como determinado conhecimento é manifestado numa área específica.

Para exemplificar o autodomínio, suponha que você domine a arte do karatê[51]. Você sabe precisamente que habilidade usar para automaticamente se proteger quando alguém desferir um golpe contra você. O autocontrole, por sua vez, traduz-se em como você escolhe o melhor golpe para usar diante de cada situação. Assim, o primeiro é automático, em que você entende a sua estrutura e, dentro dessa estrutura que você percebe que tem, consegue controlar alguns aspectos. Por sua vez, esse controle limitado mediante o que é percebido envolve a habilidade de manifestação da temperança, da coragem e da resiliência, as quais, somadas entre si, reduzem consideravelmente as taxas de recaída quando o indivíduo está próximo ao grupo de risco de algum vício.

Há artigos científicos[52] e pesquisas que trazem a junção das virtudes no combate a condutas viciosas, e de fato elas não podem ser consideradas isoladamente. É como se fosse um emaranhado de virtudes, pois inevitavelmente uma arrasta a outra, e juntas elas forjam o indivíduo como um todo. Elas proporcionam uma melhoria no bem-estar geral e, por conseguinte, exercem papel significativo no combate ao vício de forma direta. Afinal, não temos com frequência batalhas grandes e pequenas, ou mesmo pontuais, assim como micro e macrorresultados, além de diversos objetivos? Diante desse cenário, é imprescindível estarmos munidos de nossas virtudes para nos manter firmes diante do que quer que venhamos a encarar. Platão já dizia que a virtude pode ser ensinada como se fosse uma habilidade[53]. Ainda acrescentava: sem esse aprendizado, o ser humano não poderia alcançar a felicidade.

A RELAÇÃO ENTRE O AMBIENTE E AS VIRTUDES

Agora, é importante pensarmos também sobre a virtude intrínseca da humanidade, que sempre envolverá aspectos genéticos, biológicos e socioculturais, bem como espirituais, independentemente da religião que se tenha ou não. Na medida em que a natureza humana se manifesta, a vida clama por maestria, e tudo que agrega à vida e manifesta a sua expansão é acolhido virtuosamente desde o início. Por isso que o núcleo familiar é crucial no desenvolvimento de virtudes[54]. Afinal, o ambiente em que somos criados, a forma como os valores são transmitidos pelos pais, professores, líderes religiosos, que são todos agentes semeadores de valores sociais e morais, são essenciais no que diz respeito a aspectos do que é certo e errado.

Dessa maneira, se você nasce num ambiente honesto, a honestidade é um valor prezado. Agora, se nasce no meio de um bando de larápios, achará que ser desonesto é normal. No entanto, quando você realmente observa a dor do outro e o sofrimento que seu feito gerou nele, tudo pode mudar, pois temos um sistema chamado "neurônio-espelho"[55], que tende a nos fazer perceber o que o outro está gerando na própria mente, e por sua vez esse sentimento reverberará em nós de forma reflexiva. Apesar de ser um processo primariamente motor, ele também é sentimental, pois o choro do outro automaticamente nos impacta também.

Se lhe perguntassem quais virtudes são predominantes na sociedade atual, o que você responderia? A empatia, a justiça, a generosidade? Talvez a cooperação, a convivência harmoniosa?

Responder a essa pergunta pode ser difícil. Afinal, que virtudes predominam em uma sociedade que relativiza tudo? Se dissermos que nossa sociedade é mais tolerante hoje e que isso é uma virtude conquistada, então surgirão os que dirão que essa tolerância é apenas permissividade, isto é, um vício.

Penso que isso se deve a mudanças no contexto familiar. O número de viciados e de pais viciados cresceu de forma exponencial, alterando a família, base da sociedade. Quando não há nenhum retorno à base, aos preceitos e valores familiares, primados na essência humana em especial pelo modelo de família judaico-cristã, tudo estará perdido, pois o lado animalesco do ser humano tende a imperar novamente.

O LABIRINTO DE GABRIEL

Em um quarto mal iluminado, banhado apenas pelo brilho fantasmagórico de um computador, Gabriel se encontrava novamente à beira de um abismo familiar. Era um jovem de feições marcantes, cujos olhos, outrora repletos de sonhos e ambições, agora refletiam um vazio profundo. Ele era prisioneiro de um ciclo vicioso, um labirinto digital do qual não conseguia escapar.

A cada clique, a cada mergulho nesse mundo virtual, Gabriel sentia-se afundar mais no lodaçal da dependência. A pornografia havia se tornado seu refúgio e sua ruína, uma fuga das pressões e expectativas do mundo real. No entanto, essa fuga era ilusória. Com cada sessão, ele se distanciava mais de si mesmo, perdendo pedaços de sua alma nas sombras da tela.

Gabriel vivia uma dualidade torturante. Durante o dia, mantinha a fachada do profissional competente, do amigo confiável. Mas, à noite, tornava-se refém de seus demônios internos, navegando por um mar tempestuoso de conteúdo que nunca saciava, apenas intensificava sua fome por mais. A masturbação tornou-se uma tortura. Por vezes, chorava durante o ato, pois já não tinha mais forças para o praticar, além dos machucados constantes, mas sua mente o obrigava a seguir naquele insaciável exercício.

Sua mente era um campo de batalha. Consciente do dano que infligia a si mesmo, lutava para se libertar das correntes da dependência. Mas como lutar contra um inimigo que residia dentro de si? Gabriel se percebia em uma queda livre, cada vez mais distante da luz, cada vez mais submerso na escuridão de sua própria criação.

A dependência havia deformado a autoimagem de Gabriel. Ele se via através de um espelho rachado, incapaz de reconhecer o homem que se tornara. A vergonha e o autojulgamento eram seus companheiros constantes, sussurrando lembretes de suas falhas e fraquezas.

A ironia de sua situação era cruel. Buscando conexão e prazer, encontrou isolamento e dor. A dopamina, que prometia um oásis de felicidade, revelou-se uma miragem no deserto de sua existência. Gabriel estava perdido, ansiando por um sinal de esperança, por uma mão estendida no escuro.

Foi numa noite fria de inverno, quando a escuridão parecia mais densa, que Gabriel encontrou um vislumbre de luz. Tropeçando em uma história de recuperação online, algo dentro dele se agitou. Pela primeira vez em muito tempo, a semente da esperança brotou em seu coração.

Com a determinação de um homem que nada mais tem a perder, Gabriel buscou ajuda. A jornada para a recuperação foi árdua, marcada por recaídas e desafios inimagináveis. Mas a cada passo, a cada pequena vitória, ele reconstruía os pedaços de sua vida, tecendo lentamente o tecido de sua nova realidade.

Gabriel, agora, não era mais um prisioneiro de seus vícios. Transformado pela dor e pela perseverança, emergiu das sombras um homem novo. Sua história, outrora marcada pela dependência, tornou-se um testemunho de resiliência e esperança.

Ele sabia que a batalha contra a dependência era diária, mas agora estava armado com ferramentas e uma comunidade de apoio. Gabriel se dedicava a ajudar outros, compartilhando sua história para iluminar o caminho daqueles ainda perdidos na escuridão.

A história de Gabriel é um lembrete de que, mesmo nas profundezas do desespero, há sempre uma possibilidade de renascimento. É uma jornada de autodescoberta, luta e, finalmente, redenção.

QUAIS SÃO AS PRINCIPAIS VIRTUDES QUE COMBATEM OS VÍCIOS?

Todas as virtudes vão combater os vícios, mas a prudência é uma das principais, se não a maior de todas, e junto com ela está a astúcia[56]. As qualidades virtuosas são imbricadas na edificação do ser humano, e todas elas sempre conduzem ao amor, sem exceção. As virtudes são inerentes ao ser humano pelo fato de sermos seres sociais. Por essa razão, à medida que crescemos, buscamos ferramentas para nos desenvolver, e, dotados de astúcia, passamos a perceber se o que encontramos ao longo da nossa jornada edificará a nossa vida ou não; daí a importância novamente da prudência.

Esquematização dos vícios x virtudes
Vícios que agem minando o potencial das virtudes:
Precipitação: ação impulsiva e desordenada.
Não consideração: falta de ponderação e desatenção.
Inconstância: displicência e comportamento instável.
Negligência: ausência de cuidado, irresponsabilidade.
Virtudes que combatem os vícios:
Temperança: molda nossos impulsos.
Coragem: enfrenta os nossos medos.
Prudência: guia nossas escolhas.
Fortaleza: impõe resistência diante das adversidades.

COMBATENDO A BUSCA PELO PRAZER A TODO CUSTO

Ao sermos guiados pelas virtudes, seremos capazes de superar os vícios e ter uma vida de significado e plenitude, ou seja, uma vida plena[57]. Se temos desejos, buscamos o prazer e sabemos que há uma trilha por essa busca pelo prazer em que não há um custo, um preço, uma dor a ser paga, a consequência dessa conduta sempre será o vício.

“Quando você busca o prazer sem passar por uma dor, ou um sacrifício, você fatalmente estará caminhando para o vício. Por isso, nas batalhas travadas para vencê-lo, a temperança terá de governar nossas ações, a coragem precisará inspirar o nosso coração, a prudência deverá iluminar a nossa mente. Precisamos ter determinação por meio da fortaleza que é a nossa persistência, porque haverá altos e baixos, do contrário, não conseguiremos ter uma pavimentação real da estrada que estamos construindo rumo à libertação do vício.”

PRAZER A TODO CUSTO – JULIANO PIMENTEL

Para desenvolvermos virtudes e maior domínio sobre a nossa mente, é preciso ter autoconhecimento. Depois que nos conhecemos verdadeiramente, conseguimos identificar nossas forças e fraquezas, refletimos como queremos lidar nesse contexto, o que é essencial para reconhecermos e aprimorarmos nossas qualidades morais.

Para criarmos virtudes, temos de estabelecer um passo a passo realista e mensurável, a fim de vermos o seu progresso e estabelecermos uma prática consciente de cada uma delas. No início, nada é automático, tanto é que muito esforço é exigido durante o processo de forja das virtudes. Esse processo demanda energia, atenção e intenção para você formar seu caráter virtuoso. Demanda ainda um olhar de aprendizado com o outro e também com Deus, o Criador, ou o Universo, se assim preferir denominar, além de seguir de perto pessoas virtuosas que você admira ao seu redor. Quem são as pessoas que o inspiram, filósofos, entes queridos, com os quais você pode aprender as virtudes essenciais?

Inevitavelmente, é preciso que o indivíduo faça um mergulho interior para entender toda essa jornada. Acima de tudo, é preciso entender que a aquisição de virtudes demanda uma autorresponsabilidade gigantesca. É bem provável que você tenha ajuda de familiares e amigos ao longo da sua caminhada, mas o responsável pelo seu autoconhecimento sempre será você mesmo.

> Portanto, se não houver perseverança, consistência e compreensão de que o caminho da virtude é um processo contínuo em sua vida, você acabará caindo e, cedo ou tarde, irá ceder.

Além disso, seja humilde sempre. Quando falamos em virtudes, é impossível não considerar a humildade[58] como uma das mais importantes na construção do indivíduo, pois é imprescindível ter em mente que você não sabe tudo, então terá de ser humilde o suficiente para pedir ajuda sempre que for preciso.

A IMPORTÂNCIA DOS TEMPERAMENTOS NA MANUTENÇÃO DAS VIRTUDES

Recapitulando, a jornada virtuosa começa com o autoconhecimento, pois ele é o primeiro passo para você se tornar uma pessoa melhor. O autoconhecimento leva ao autodomínio. Então, se você pensar "Eu quero ser uma pessoa virtuosa", primeiro deve identificar qual o seu estado atual. Quais são suas habilidades, seus prós e contras? Reflita sobre essa questão; em seguida, tenha em mente que, quando falamos em virtudes, precisamos saber também que há quatro temperamentos[59] nos quais as virtudes serão manifestadas de acordo com suas características. Cada temperamento terá uma resposta diferente ao vício, conforme resumido no quadro a seguir:

Temperamento	Virtudes, qualidades	Vícios, defeitos
Colérico	Líder, determinado, assertivo.	Ira, impaciência, falta de autocontrole.
Fleumático	Empático, diplomático, calmo.	Indiferença, apatia, inexpressividade emocional.
Melancólico	Introspectivo, reflexivo, tolerante.	Pessimismo, indecisão.
Sanguíneo	Sociável, empolgado, adaptável.	Inconstância, superficialidade.

Quando associamos os temperamentos às três inteligências, o QI tem relação com a prudência, o discernimento, a curiosidade, a criatividade, a possibilidade de aprendizado continuado e a humildade do intelecto.

Voltando à prudência, com ela tomaremos decisões sábias e bem fundamentadas. A pessoa que tem um quociente de inteligência, ou seja, QI, bem desenvolvido usará suas habilidades cognitivas para chegar nesse processo.

Já o discernimento envolve a habilidade de distinguir o que é verdadeiro do que está oculto por uma cortina de fumaça. E a curiosidade é o desejo de aprender e explorar o mundo ao redor, de querer mais. A criatividade é inovação. E a humildade intelectual é a capacidade de reconhecer que pouco sabemos, portanto, precisamos expandir nosso QI continuamente.

Agora, retomemos à temática das três inteligências e comecemos pela Inteligência Cognitiva. Pense nela como uma caixa de ferramentas lógicas que não o deixa trocar o certo pelo errado, o verdadeiro pelo falso. "Cognição" significa criar conhecimento. A inteligência da cognição, por sua vez, é criar conhecimento *válido* sobre as coisas. Não se enganar. Não se confundir. Ter clareza e foco de percepção em nossas decisões práticas.

Já com a Inteligência Afetiva, que consiste na percepção da emoção, teremos a empatia, o autodomínio, o altruísmo, a comunicação eficaz. A pessoa que tem Inteligência Afetiva forte consegue entregar o que ela quer independentemente do ambiente em que estiver. Com a resiliência emocional, temos a capacidade de lidar com situações difíceis e rapidamente aprender com elas.

Em seguida, tratamos da Inteligência Espiritual[60], em que se tem um olhar muito mais amplo do que apenas você, indo além do mundo visível. Essa inteligência nos faz refletir sobre valores e princípios fundamentais para nossas decisões. Não menos importante, a sabedoria envolve tudo isso, então, é muito mais do que saber que dois mais dois são quatro e qual o resultado desse quadro dentro do ecossistema.

A Inteligência Espiritual também envolve compaixão, a preocupação genuína com o sofrimento alheio, afinal, ninguém quer ver um ser humano agonizando. Ninguém. É preciso promover a bondade, o cuidado, a empatia em todas as interações que temos. Outra virtude dessa inteligência é ser grato à vida, às circunstâncias, é entender esse aspecto e senti-lo de forma profunda para sempre fortalecer seus relacionamentos.

Aqui a humildade assume o papel de reconhecer as limitações diante de tudo que existe; é saber que não somos o centro do Universo. Mas, ao mesmo tempo, temos de reconhecer que somos imprescindíveis para ele, dentro desse ecossistema chamado vida.

"Nós somos únicos, raros e preciosos, e temos de crescer não de maneira isolada, mas em todos os âmbitos. E, por fim, a pessoa tem de ser íntegra e correta. A integridade vai juntar todos os princípios éticos, morais, condensados com consistência também, entre as nossas ações e palavras. É a pessoa viver o que fala, falar o que vive e pagar o preço pelo que acredita. Isso exige um grau de coragem e sacrifício pessoal. Não tem jeito."

PRAZER A TODO CUSTO – JULIANO PIMENTEL

A RELAÇÃO ENTRE FELICIDADE E VIRTUDE

Quando finalmente decidimos agir diante do que a vida nos apresenta, essa decisão de fazer é fundamentada no quê? No prazer passageiro ou em simplesmente fazer o que é certo? Então saiba que, ao fazer o que é certo, você obtém prazer. Afinal, você veio aqui para ser um ser virtuoso, não "para ser feliz". É exatamente isso que você acabou de ler.

> **Uma das maiores infantilidades humanas é pensar que viemos aqui para sermos felizes o tempo todo, mas não é nada disso! Viemos para ter vida, e vida em abundância. Deus não nos disse para estarmos sempre sorrindo eufóricos. Na verdade, a felicidade é um estado de espírito para além da mera alegria deste mundo, quando se está em comunhão com Deus.**

Agora, quando você nutre a crença de que tem de ser feliz a todo custo, põe os seus desejos na frente de tudo o que é necessário, consequentemente atropela todas as coisas. "Vou realizar meus desejos a qualquer preço!" Daí o que acontece? Você comete deslizes metendo os pés pelas mãos.

Quando você quer prazer a qualquer custo, mesmo que seja uma cheirada efêmera ou uma injeção de cocaína em troca de meia hora de prazer, a recompensa é o vazio em toda a sua frieza e escuridão, pois você não veio aqui para isso. Você veio para contemplar a vida e, ao realizar essa ação, entenderá que a felicidade permeia a todos nós. Se conseguir compreender isso, não precisará de nada que é efêmero para fortalecer sua relação com a felicidade.

Hoje essa busca pelo prazer, o apelo excessivo do "Eu tenho de ser feliz", sem tocar o espiritual, sempre o deixará miserável. Sabe por quê? Porque a felicidade genuína é um estado de espírito, de completude por meio dele, não uma condição.

Sempre que a felicidade for uma condição, você estará limitado às suas condições para manifestá-la. Você nunca será feliz dessa forma. Então, quando pensamos dessa maneira, nota-se muito claramente que temos de entender o significado da palavra sacrifício. Esse é o primeiro passo para quem está começando uma vida espiritual, com as pessoas corretas para lutar contra situações e vícios mundanos. Perseverança para combater o desânimo enfrentado no meio do caminho de uma vida virtuosa.

A pessoa é bacana, faz o bem, mas não consegue largar a porcaria da mentira, a sujeira da pornografia. A pessoa tem apego, orgulho espiritual de parecer ser boa, e isso a afasta da humildade e da verdadeira entrega de amor incondicional oferecido por Deus. Por fim, a pessoa tem de dominar a sua mente, vontade e pulsões. Esse é o processo de aterramento para o senso de realidade, tocando o que é necessário para se combater o prazer a todo custo.

1. Vícios e virtudes são hábitos. Se compreendermos como os hábitos são formados e mantidos, podemos aumentar nossas virtudes e eliminar nossos vícios. **Na sua opinião, quais são as virtudes que imperam na sociedade? Quais são as virtudes existentes em você?**

2. Há muito tempo os filósofos estudam as virtudes. A mãe de todas seria a coragem, sem a qual não se faz o que precisa ser feito. Mas destacam-se também o autodomínio e a temperança. Cada um tem um temperamento particular. Essas diferenças individuais afetam as formas como vivemos nossas virtudes e como somos afetados por vícios. **Quais virtudes você adquiriu mediante as experiências de vida que teve? Você gostaria de tê-las adquirido de uma forma diferente?**

3. Em nosso núcleo familiar, há virtudes provenientes diretamente dele. **Como os desafios e as oportunidades que lhe foram apresentados na sua vida e na sua família cultivaram vícios ou virtudes em você?**

IV

RESTAURANDO A SUA MORADA

“Jamais acabamos de nos conhecer enquanto não buscamos conhecer a Deus” (Santa Teresa D’Ávila)[61].

Ao longo deste livro, você tem sido apresentado às diversas facetas do ser humano, percorrendo sua estrutura biológica e fisiológica, compreendendo os mecanismos da mente na busca pelo prazer e na relação com o vício e conhecendo como o ambiente influencia os aspectos psicossociais que interferem diretamente na formação do indivíduo, podendo contribuir tanto para afundá-lo no vício como para salvá-lo por meio do fortalecimento de suas virtudes, conforme vimos no capítulo anterior.

Agora, neste capítulo, vamos mergulhar no aspecto mais essencial do ser humano, que é a sua composição espiritual, pois é simplesmente impossível falar sobre vícios e virtudes e não lançar luz sobre o ponto fundamental que norteia o indivíduo nesse contexto. Ao desvendar o espírito, somos capazes de derrotar o vício em sua integralidade, pois o impacto da manutenção da esfera espiritual do ser humano no que tange ao tratamento de adictos é tão grande que os maiores *cases* de sucesso do mundo – por exemplo, o AA (Alcoólicos Anônimos) – apresentam em seus pilares a prática espiritual[62].

POR QUE VOCÊ NÃO É APENAS UM CORPO ANIMADO

Reconhecer a espiritualidade como parte intrínseca da vida é fator indissociável da realidade humana. Basicamente, a nossa constituição como indivíduos se dá na junção entre corpo e alma, ambos materiais, ou seja, pertencentes ao plano terreno em que vivemos. Porém, a natureza do corpo se configura como biofísico-química, ou simplesmente "física", ao passo que a da alma se revela racional, emocional, sensorial, mas, acima de tudo, "espiritual".

O espírito (no latim, *spiritus*, do grego *anemon*, que significa algo como "sopro de vida") está diretamente ligado ao plano imaterial. Apesar de essa força ou energia habitar o corpo no plano físico, o espírito só pode se manifestar por meio da alma, que é a estrutura dada pelo que muitos chamam de Força Superior, ou pura e simplesmente Deus, para a manifestação de toda a vida[63].

Fazem parte da alma humana a mente, a consciência, a vontade, o livre-arbítrio. Todos os seres viventes são dotados de alma, ou seja, seres humanos, animais, vegetais e assim por diante. Mas apenas a alma humana tem essa natureza espiritual capaz de nos ligar ao plano transcendental justamente pela nossa habilidade inata de sermos seres conscientes, virtuosos.

A natureza humana tem três componentes, segundo a Bíblia: corpo, alma e espírito.

A alma que anima o nosso corpo proporciona a vida no plano da matéria, no qual valem os sentidos (visão, audição, olfato, tato e paladar). Ela se manifesta e se comunica conforme o que sente e, quando sente, estágio esse que vem antes do intelecto, ela começa a raciocinar e, quando passa a pensar, a alma finalmente transforma o pensamento em ação; aliás, o sentir é tão importante que, se for neutralizado, você vira um robô! A depender do processamento dos sentimentos da alma, ela produzirá resultados que farão com que o indivíduo se sinta mal ou bem.

A alma tem os caminhos de evolução, de crescimento, com isso também a capacidade de se purificar, ser virtuosa, como se fosse um grande ímã ascendente voltado para o crescimento constante. Sua natureza é tão peculiar e complexa que, ao longo da história humana, tentou-se definir de todas as formas a sua origem e estrutura, mas o que mais se aproxima desse nosso contexto é a comparação da alma a um "castelo", feita por uma das maiores doutoras da Igreja Católica de todos os tempos, Santa Teresa D'Ávila[64].

O castelo é uma estrutura fortificada, com alicerces, diversos níveis, portas de entrada e saída, calabouços, passagens subterrâneas, torres, e por aí vai. Pare só por um instante para refletir o que encontramos quando nos voltamos a nós mesmos, quando vasculhamos o nosso interior, a começar pelo nosso cérebro, passando por toda a estrutura neurológica, biológica, as cavidades internas que abrigam nossos órgãos vitais, e assim por diante.

A alma humana, assim como o castelo da imagem acima, divide-se em camadas, ou moradas.

Não por acaso, na obra *O Castelo Interior, ou moradas*, a religiosa, que viveu no século 16, escaneou a alma humana e a busca pelo sagrado com maestria, afirmando que a primeira morada desse castelo é o **autoconhecimento**, tópico que tenho abordado incisivamente desde o início deste livro. Segundo Santa Teresa D'Ávila, "pensar que temos de entrar no céu sem entrar em nós, sem nos conhecer e sem analisar nossas misérias e o que devemos a Deus [...], é desatino"[65].

Assim, temos aqui expostos tanto o conceito de conhecermos a nós mesmos, a começar pelo processo de "autorreflexão", quando "entramos em nós" para encarar nossa miséria humana, ou seja, nossas falhas e vícios, como também o sentido de reconhecer nossa natureza espiritual que habita em nosso corpo físico, pois, enquanto não o fizermos, nunca seremos completos e, portanto, capazes de combater toda sorte de vício que corrói a nossa alma.

“O seu espírito é a fração sagrada de Deus sobre a qual você nem sequer tem domínio. Por essa razão, não tem como ninguém quebrar seu espírito, afinal, ele nem sequer lhe pertence. Mas quando seu espírito está forte, vivificado, você pode manifestar tudo na sua alma e sustentar tudo e todas as dores para chegar em pleno estado aonde quer que você vá.”

PRAZER A TODO CUSTO – JULIANO PIMENTEL

DE CORPO, ALMA E ESPÍRITO

Antes de aprofundar a explicação sobre as camadas desse castelo que é a nossa alma e consequentemente a morada do nosso espírito, é importante esclarecer a diferença justamente entre alma e espírito, pois, embora muitos acreditem que sejam sinônimos, ambos não têm a mesma definição.

Nós somos alma, eu, você e cada ser vivente, que se constitui de várias camadas: racional, sensorial, emocional e espiritual. Além disso, cada alma age de acordo com um dos quatro temperamentos, conforme vimos no capítulo anterior.

Já o conceito de espírito, que desde o princípio dos tempos vem sendo discutido, é lido (inclusive cientificamente) como "sopro de vida". Do latim *spiritus*, que significa "respiração", que também pode ser denominada pela palavra hebraica *ruah*, ou, no sânscrito, *prana*, espírito é literalmente o sopro de vida que todo ser vivente exala ao nascer, vivificando assim a alma para iniciar a sua jornada no mundo. Também chamada por muitos de "centelha divina", essa substância que habita em nós é assim considerada por estar além do plano físico e material no qual estamos baseados. De origem transcendental, o espírito será experimentado por cada indivíduo, independentemente de crença religiosa, agnosticismo ou ateísmo, em razão da essência metafísica da qual todos nós fazemos parte de maneira indistinta. A propósito, é por isso que somos todos atraídos para o aspecto divino da vida de uma maneira ou de outra. Perceba agora por que é impensável abordar vícios e virtudes e não permear o lado espiritual do ser humano. Não dá para ter uma alma sem espírito, e vice-versa.

> **"Sabe aquela sensação de vazio que muitas pessoas dizem sentir em algum ou em muitos momentos da vida? Trata-se da ausência do aspecto espiritual na alma, pois uma alma sem a presença do espírito é basicamente um corpo morto em vida ou, como diria Santa Teresa, 'Viver sem Deus não é mais que morrer muitas vezes'.**

O corpo, por sua vez, abriga a alma e o espírito, e tudo o que é manifestado por ambos provoca a reação dele. Os vícios se originam na mente e consomem o corpo, porém nas virtudes estão as respostas para o rompimento desse processo destrutivo. Cada evolução que a gente tem está no campo metafísico e material, e tudo isso vai muito além da física pura e simples.

É possível que você já tenha ouvido a expressão "minha alma sangra", o que é claramente sinal de que a pessoa está padecendo de sofrimentos nessa Terra. Mas, como costumo dizer, a dor é inevitável, o sofrimento é opcional, e o sacrifício é o chamado. A alma que se purifica, que é virtuosa, entende que, mesmo em meio a um caos, no processo de se tornar fortificada pelas virtudes, já caminha para um estado de paz. Ao longo da história, temos visto vários exemplos de pessoas que, mesmo em meio ao caos, estavam em paz com as suas virtudes, como Gandhi durante seu processo de jejum[66]; Kim Phúc[67], que, aos 9 anos de idade, parou na frente do tanque depois da explosão de uma bomba de napalm durante a Guerra do Vietnã; e o próprio Jesus Cristo diante de sua crucificação.

A alma que está tranquila assim se encontra porque sabe que vai viver para o que foi conduzida. É uma retidão diante do que sente forte no coração. O que é consciente não da alma, mas do espírito, vai além da existência, e é por isso que ela sente que existe algo muito maior, e a isso ela se volta em contemplação.

Essa sequência de percepção, que vai além do sentir, do que é neurobiológico das partes de interconexão cerebral, é muito importante para que alcancemos a clareza a fim de entender que existe algo que extrapola os limites da mente humana, mas ainda assim a humanidade sempre se conectou a essa fonte. Esse algo que vai além é, portanto, o espírito, mas ele, por si só, desconectado da fonte universal, de Deus, na pessoa conhecida como Espírito Santo, o Criador que originou tudo e a todos, o universo inteiro, torna-se pobre e enfraquecido, tal qual uma lâmpada que jamais está ligada à usina.

> **Enquanto você acreditar que é apenas um corpo formado por carne e osso, e se deixar levar pela leitura simplista de que tem uma alma responsável pelas suas emoções, nunca conseguirá enxergar e principalmente acessar a verdadeira central de comando da sua vida chamada 'espírito'.**

DO VÍCIO À VIRTUDE

Como você tem visto ao longo desta obra, os vícios, que têm a mesma natureza dos hábitos, só serão superados se forem combatidos desde a sua raiz. "Mas cadê essa raiz, Dr. Ju!?", você pode me perguntar, e posso lhe responder que ela reside exatamente na sua própria essência, ou seja, em cada uma das camadas do seu castelo interior.

O momento de restaurar a sua morada é agora, que você já sabe que as virtudes, que são inerentes ao ser humano, podem ser acessadas à medida que você fortalece seu espírito. Assim, o autoconhecimento, a perseverança, a oração, a contemplação e enfim a comunhão espiritual serão ferramentas determinantes para desmantelar a ação do pessimismo, da frustração, da sobrecarga, do desapontamento, das dúvidas, do desencorajamento, do medo, da vergonha causados por soberba, inveja, avareza, ira, luxúria, gula e preguiça, ou seja, todos os sete pecados capitais que arrastam a pessoa direto para o inferno do vício.

É preciso entender que os sete pecados capitais são armadilhas plantadas nas quais a humanidade escorrega, e que, do ponto de vista neurobiológico, todos eles agem dentro do cérebro de uma forma muito específica. Quando pensamos sobre esse contexto, devemos ficar muito atentos para nos livrarmos desse campo minado. Se analisarmos a gula, por exemplo, pode ser que você esteja em um grupo e não queira nem comer, mas, pela influência dos demais, vai lá e come. Você estava bem, os seus amigos foram lá tomar café, então, "já que" está no meio também, você vai comer.

Existe um contexto por trás da inclusão, da autopromoção, por meio de elogios, por uma série de formas. A tentação de se envolver é um comportamento associado ao vício. Por conta da forte exposição a determinado ambiente, você começa a modificar seu sistema neuroendócrino; essa exposição é tão marcante que faz com que você não queira mudar de ambiente, por ter sido exposto àquilo. Às vezes nem experimentou, mas você esteve exposto. E aí essa variedade de fatores, como desejos pessoais, experimento social, estresse, para fazer com que a pessoa entre nisso ou não, serve de impulso que a lança na experimentação depois que ela teve a exposição. A pessoa exposta a determinado vício até então não conhecia aquele terreno, aquele ambiente; ninguém vai ter pornografia na mão se não tiver um celular e não souber o que é uma cena com esse teor.

A maior armadilha que o diabo, inimigo, ou o mal em si tem é quando você está fazendo o que gosta para buscar prazer, correto? Isso só se confirma cada vez mais, até o ponto em que a dor seja tão gigantesca que, mesmo você fazendo aquilo que fazia, o efeito não gera mais prazer nenhum, porque você não tem mais receptor para isso, apenas gerador. O recurso comportamental pela recompensa imediata é sempre reduzido, fazendo com que, no final das contas, quando o hábito negativo, a corrupção, o vício surjam, esse comportamento repetitivo, reforçado com frequência e intensidade suficiente para se sustentar, para mudar o seu ritmo, seja considerado difícil de ser refreado pela pessoa mesmo que ela queira. Assim, tanto a gula como a explosão na hora em que você está falando as coisas, e qualquer outro comportamento vicioso e destrutivo, inevitavelmente desencadearão consequências.

> "Às vezes você terá de dilacerar a sua alma para salvar o seu espírito.

Esse contexto remete diretamente à autoimagem. Quando, por exemplo, você olha um espelho, ao quebrá-lo para não ter de ver sua autoimagem e perceber quem você é em essência. As pessoas normalmente querem se relacionar com o que elas pensam que veem, com o que elas pensam que sentem, porém, geralmente isso é uma mentira. Essas consequências têm de ser vistas não apenas na sua vida, mas também na vida daqueles que o cercam.

Portanto, preste bem atenção, não será possível vencer os vícios apenas com a vontade do corpo ou a força do intelecto, pois, como você acabou de ver neste capítulo, o seu corpo abriga a sua alma, que, por sua vez, contempla o seu espírito, e a vida ameaçada pela mácula do vício só será liberta por meio da força sobrenatural e do amor incondicional do Espírito.

LUCAS: O DESPERTAR DE UM APETITE INSACIÁVEL

Lucas sempre foi um homem de apetites vorazes, mas o que começou como um prazer inocente na comida se transformou em seu algoz. Seu amor pela culinária, uma vez uma fonte de alegria e experimentação, degenerou-se em uma busca constante por satisfação através do ato de comer. Cada refeição era uma tentativa de preencher um vazio que se expandia mais com cada mordida, um abismo que se aprofundava no cerne de sua existência.

Para Lucas, comer não era mais sobre nutrir o corpo ou apreciar sabores; era uma fuga. Uma fuga das pressões do trabalho, das expectativas familiares, e, mais profundamente, de uma autoestima fragmentada. Em cada prato, ele buscava consolo, um bálsamo para suas inseguranças e ansiedades. Mas esse consolo era passageiro, evaporando-se tão logo o prato esvaziava, abandonando apenas remorso e uma sensação crescente de descontrole.

À medida que Lucas se entregava mais ao seu vício, seu corpo começou a mostrar os sinais de abuso. A obesidade mórbida não era apenas uma condição física; era o estigma visível de sua luta interna. Cada quilo a mais era como uma corrente adicional em seu cativeiro, limitando sua mobilidade, sua saúde e sua vontade de buscar mudança.

Os amigos e a família, inicialmente solidários, tornaram-se vozes de preocupação e, eventualmente, de frustração. Lucas se viu isolado, encerrado em uma fortaleza de solidão autoimposta, cercado por embalagens vazias e promessas quebradas de "amanhã será diferente".

No fundo, Lucas ansiava por ajuda, por uma saída para o labirinto de sua própria criação. Ele fez tentativas de mudança, dietas, programas de emagrecimento, terapia. Mas cada esforço parecia apenas levá-lo de volta ao ponto de partida, um ciclo vicioso de esperança e desespero. O proble-

ma, Lucas percebeu, não era apenas a comida; era algo mais profundo, um vazio emocional que ele tentava incessantemente preencher com o prazer efêmero da comida.

A saúde de Lucas deteriorou-se a um ponto crítico. A obesidade mórbida trouxe consigo uma miríade de complicações: diabetes, hipertensão, problemas cardíacos. Cada visita ao médico era um lembrete sombrio de sua jornada para o abismo, de um futuro que se tornava cada vez mais incerto.

Em seus momentos de lucidez, Lucas contemplava sua situação. Ele se perguntava como permitiu que a busca por conforto na comida o levasse a um estado de tal desespero. Mas mesmo essa compreensão não era suficiente para romper as correntes de seu vício.

Os dias de Lucas tornaram-se um borrão, um ciclo interminável de comer, dormir e lamentar. A esperança de uma mudança, uma vez um farol distante, havia se apagado. Lucas se resignou ao seu destino, uma capitulação silenciosa ao poder avassalador de seu vício.

Em seus momentos finais, Lucas refletiu sobre sua jornada, um caminho marcado por prazer, dor e, finalmente, rendição. Ele se perguntou se as coisas poderiam ter sido diferentes, se houvesse alguma escolha que pudesse ter alterado o curso de sua história. Mas essas perguntas permaneceram sem resposta, ecos de uma vida consumida pela busca incessante de satisfação em um prato.

A história de Lucas é um testemunho sombrio da complexidade do vício e da luta humana contra os desejos que podem consumir a alma. Não é apenas uma narrativa sobre a batalha contra a obesidade mórbida, mas um espelho que reflete as batalhas internas que muitos enfrentam em silêncio. Lucas permanece uma lembrança de que, em nossa busca por satisfação, devemos estar atentos para não nos perdermos no labirinto dos nossos próprios apetites.

1. Se resolvemos nos resgatar de um vício tratando apenas o corpo ou apenas a mente, então fracassaremos. Precisamos tratar o ser humano por inteiro. **Você já admitiu impotência perante algum vício e buscou suporte em um Poder Superior? Comente.**

2. Nosso Verdadeiro Eu tem dimensões físicas, mentais e espirituais. Somos seres de desejos e emoções, também de razão e busca por sentido na vida. **Alguma vez você procurou estreitar seu contato consciente com Deus, na forma como O concebe? Quais são as principais dificuldades em relação a essa prática? Comente.**

3. O Verdadeiro Eu é a morada do espírito. Você precisa conhecer essa morada para saber quando ela foi restaurada. **Partindo do princípio de que o autoconhecimento é o primeiro acesso à morada do espírito, o que você tem feito para estabelecer uma prática diária de autodescoberta para restaurar quem é você em essência?**

V

DESARMANDO O VÍCIO

"O caminho virtuoso não nos poupa de problemas, e o sussurro no seu coração sempre tem uma escolha difícil por trás. Ainda assim, faça o que tem de ser feito."

PRAZER A TODO CUSTO – JULIANO PIMENTEL

Até aqui, você viu praticamente todos os campos que permeiam a vida humana para entender por que fazemos o que fazemos, por que criamos determinados hábitos tanto para nos desenvolvermos e evoluirmos quanto para acabarmos gradativamente com a nossa vida quando consumidos por uma série de vícios.

Agora, a grande questão que fica é como, afinal, é possível efetivamente vencer a batalha contra o vício e assim quebrar a maldição que ele lança sobre incontáveis vidas ao redor do mundo. Recapitulando o que foi apresentado até agora, você já sabe que as virtudes, adquiridas durante nossa formação moral, são como dons do espírito. Agem como antídoto para o efeito corrosivo do vício. Mas o que você ainda não viu é que, antes de qualquer combate, primeiro é preciso conhecer o inimigo.

Neste capítulo, você será apresentado aos cinco estágios que levam ao vício. Mas calma! Você não sairá daqui apenas sabendo reconhecer como a exposição, a tentação, a experimentação, o reforço, o hábito e a compulsão atuam na forja do vício; também aprenderá quais são as faculdades intrínsecas da alma, que, se utilizadas com maestria, serão como lamparinas em sua jornada.

A QUEDA

Antes de mais nada, quando caímos, caímos em algum lugar... é sobre isso que começarei falando. Como você pôde aprender no início deste livro, o ambiente sempre está presente na formação de um vício. Seja o ambiente interno, seja o externo.

O ambiente externo é inegavelmente essencial na condução à formação do vício. Em nossa história, todos fomos expostos a situações que deixaram marcas, que, por sua vez, consolidam carências do passado – por exemplo, um pai abusador, uma mãe omissa, uma alienação parental, um acidente, morte e tantos outros traumas. Para ilustrar o peso do ambiente interno, podemos citar o caso de mães dependentes químicas que, durante a gestação de suas crianças, abusaram de drogas. Essas crianças nascem com o vício embutido em suas vidas, sofrendo profundamente após o parto. Ou seja, nossos hormônios, genes, pensamentos ou ainda sentimentos também são fatores que tanto podem favorecer o vício quanto buscar combatê-lo.

Há um livro que ilustra de forma primorosa o papel do ambiente externo e das relações sociais na formação do vício e mesmo da loucura. No romance *O Senhor das Moscas* (1957), William Golding conta a história de um grupo de crianças e adolescentes que sobrevivem à queda de um avião em uma ilha deserta. Quando percebem que não serão resgatados tão cedo, os garotos criam uma sociedade com leis, divisão do trabalho e tudo mais. Tudo visando à sobrevivência. Mas as regras que escolhem para essa sociedade os transformam, aos poucos, em seres cruéis uns com os outros. Em poucos meses, o que era uma turma de alunos do colegial se torna uma tribo de viciados em violência e movidos pelo medo e pelo ódio. *O Senhor das Moscas* nos convida a refletir sobre como o ambiente de regras sociais em que vivemos, que parece ser a chave para nossa sobrevivência, pode se tornar a causa de nossa decadência.

OS CINCO ESTÁGIOS ATÉ CAIR DE VEZ

PRIMEIRO ESTÁGIO: A EXPOSIÇÃO.

Um vício nunca entra sozinho na vida de alguém. Primeiro, a pessoa precisa estar ligada a qualquer um dos meios que levam à sua exposição, que consiste no primeiro estágio de apresentação ao vício. Isso pode acontecer por meio da socialização, da mídia ou de experiências de vida. Por exemplo, uma pessoa pode ser exposta à gula pela cultura alimentar da qual faz parte. Sabe aquela família, companheiro ou grupo de amigos acostumados a promover excessos de comida na menor oportunidade? Para indivíduos assim, não há limites à ingestão alimentar, assim como ao álcool, para quem usa a desculpa de tomar uma aguardente para abrir o apetite, ou abrir uma cerveja (que na realidade se torna algumas), porque se tornou "ritual" todos os dias ao chegar cansado e estressado do trabalho.

SEGUNDO ESTÁGIO: A TENTAÇÃO.

Basta uma pequena brecha exposta para algum tipo de porcaria que aparente ser uma novidade que a pessoa, em pouquíssimo tempo, já está caindo na tentação, que é o segundo estágio. Afinal, ela sentirá a tentação de se envolver no comportamento associado ao prazer imediato exatamente por estar impulsionada por uma variedade de fatores, como desejos pessoais, pressão social ou situações de estresse. Uma vez caindo na tentação de experimentar um primeiro trago, gole, ou abrir aquele vídeo pornográfico, porque afinal ninguém está vendo, a pessoa passa a sustentar o novo comportamento na falsa esperança de atingir um pretenso alívio na liberação de dopamina em seu corpo, que lhe traz a ideia de bem-estar. Consequentemente, essa pessoa passa a transitar numa zona de fragilidade, estando agora totalmente vulnerável ao vício. Outro exemplo é um cara ou uma mulher que se enfiam em grupos de mensagens em que com frequência postam conteúdo pornográfico.

TERCEIRO ESTÁGIO: A EXPERIMENTAÇÃO.

A ideia de que vão abrir só uma vez e não terá problema é tão sedutora que a porta de acesso para o terceiro estágio, que é a experimentação, é aberta imediatamente.

Você já assistiu a *Réquiem para um sonho*? O filme de Darren Aronofsky, que estreou em 2000, mostra como um grupo de pessoas cai na tentação do vício em drogas. Gostaria de destacar aqui a personagem Sara. Trata-se de uma dona de casa de seus 50 anos que decide que precisa emagrecer e passa a abusar de inibidores de apetite. Ao contrário de seu filho, Sara não sabia do risco que estava correndo quando começou com as substâncias. Ela apenas se deixou levar pela promessa de um atalho muito fácil para alcançar a felicidade. Bastaria tomar algumas pílulas por dia, afinal de contas. Sara desconhecia os riscos. Ninguém lhe falou que a automedicação descontrolada poderia arruinar sua vida. Muitas pessoas agem como Sara. Resolvem experimentar uma pílula, ou um gole, ou um jogo, o que for, seduzidas pela promessa de felicidade e plenitude fáceis. E acabam por encontrar o atalho para um pesadelo.

QUARTO ESTÁGIO: O REFORÇO.

Agora que a pessoa já provou do fruto, o que acontecerá como sequência? O reforço, aqui na quarta posição dos estágios de apresentação ao vício. Se o ato libidinoso escolhido como nova maneira de se comportar leva a uma recompensa imediata, que pode ser traduzida na forma de prazer, alívio do estresse, ou mesmo aprovação social, a prática de tal ato será cada vez mais constante, e aquilo que ela inicialmente achava que não teria problema nenhum em fazer uma vez passa a dominar suas reações neurais. Começou a abrir vídeos de pornografia no celular em casa? Será questão de pouco tempo para estar abrindo no trabalho, no transporte público e em qualquer lugar, pois a busca intermitente será por sentir a liberação do estímulo encontrado da primeira vez.

QUINTO ESTÁGIO: A COMPULSÃO.

Uma vez o comportamento sendo repetido e reforçado com frequência suficiente, a pessoa será levada diretamente ao quinto estágio, ou seja, o hábito, ou compulsão. Este representa, por fim, a queda no vício. Nesse ponto, ela considera impossível parar o comportamento, mesmo que queira, pois já atingiu a dependência para manter o seu funcionamento básico de produtividade no dia a dia. É assim que o indivíduo acaba construindo uma falsa imagem de si mesmo, que o faz acreditar que só terá satisfação no seu dia a dia se consumir a pornografia todos os dias, ou uma pizza inteira todas as noites, uma garrafa de uísque, enfim, qualquer recurso ao qual inicialmente foi exposto e sobre o qual teve a falsa ideia, vendida ao seu cérebro, de que não daria em nada, apenas um lazer momentâneo.

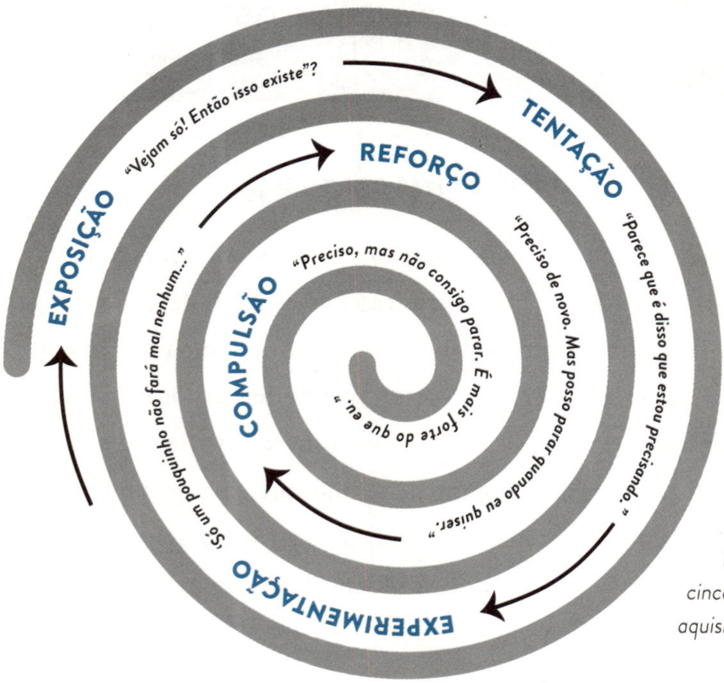

Revisando os cinco estágios da aquisição do vício.

A VERDADE SOBRE A PORNOGRAFIA

Alguns vícios são mais facilmente reconhecíveis que outros. Ninguém levanta dúvidas de que a pessoa que gasta todo o salário em um cassino é uma viciada. Nem quem está perdido em uma Cracolândia. Mas o consumo compulsivo de pornografia, por vezes, não é reconhecido como vício. Quem ouve que fulano costuma assistir, diariamente, a horas de sexo explícito no celular costuma rir e debochar, mas não pensar nessa pessoa como alguém que precisa de ajuda.

No nível neurobiológico, há pouca ou nenhuma diferença entre o vício em pornografia e outros de natureza química, como em drogas[68]. O vício sexual vem atingindo até mesmo crianças, que se tornam mais impulsivas, emocionalmente problemáticas e com dificuldades de memória e concentração[69]. Os mais jovens, ainda em formação, são os que mais têm a perder com essa forma de hipersexualização no que diz respeito a problemas de desenvolvimento[70]. Dentre esses problemas, uma visão do sexo dissociada de amor e sentimentos.

O viciado em pornografia tende a não conseguir desenvolver relacionamentos completos, tal qual se espera de um adulto maduro[71]. Em vez disso, passa a só ver nos outros objetos para seu prazer, não seres humanos igualmente dignos.

Os efeitos deletérios para a saúde não se limitam aos mais jovens e ao domínio psicológico: homens de mais de 40 anos viciados em pornografia costumam desenvolver também disfunção erétil[72]. Adultos viciados em pornografia também têm maior probabilidade de desenvolver preferências criminosas, como a prática do estupro[73] e até mesmo da pedofilia[74].

O ORGULHO DESTRUIDOR

Podemos dizer que o sistema do vício tem essa sequência clássica em cinco estágios que você acabou de ver, mas o principal inimigo da pessoa no processo do vício é, na realidade, o **orgulho**. Para o indivíduo que cai num vício, primeiramente ele sofre com o fato de não ter a identidade firmada, ou seja, ele não sabe quem é. Além disso, mantém consigo certo escrúpulo que o faz achar que incomodará alguém caso aceite ser ajudado; o orgulho ainda o faz pensar que sozinho ele resolve, e assim acaba desistindo de se ajudar.

Quando a pessoa não consegue pedir ajuda e se entregar de maneira genuína a um tratamento, considerando-se inclusive autossuficiente, temos a soberba, que é o ápice do orgulho. Ela consiste exatamente em fazer com que a pessoa não se permita receber ajuda, seja por não se achar merecedora de qualquer situação, seja porque já incomodou demais, então ela acaba desistindo. Além disso, a pessoa orgulhosa tende a sempre se sentir melhor do que os outros, outro traço da autossuficiência. Mas a verdadeira origem do ser humano é sagrada, está lembrado? Sendo assim, nada nem ninguém no mundo vai fazê-lo desistir quando você sabe quem você é, em vez de se deixar enganar pela autoimagem distorcida que seu Falso Eu projeta de você.

> Quando você se dá conta de que a sua origem é sagrada e muito mais forte do que uma falsa imagem que tem de si mesmo, ninguém tem como quebrar a sua essência humana, afinal, todo ser humano é resiliente, por ser a imagem e semelhança do Criador.

O orgulho está no topo da lista de transgressões que nos fazem sair da rota de conversão, ou seja, da mudança necessária para alcançar uma vida virtuosa e imune de vícios. As transgressões, outro nome para os pecados, são, portanto, impulsionadas pelo orgulho e consequente pela soberba, que acarretam gula, luxúria, avareza, inveja, ira e preguiça, todos os setes pecados capitais que mencionei no capítulo anterior e que são comportamentos destrutivos que concentram os principais problemas desencadeadores dos vícios.

Como um processo de vício se sustenta? Existem pessoas que acham que a resiliência delas é a resistência. Elas estão presas ao discurso de "eu aguento tudo", "manda mais", mas não se trata de resistência. Normalmente, quando você não se converte, não muda o seu trajeto, quando não aprende diante de um vício o caminho para ter uma vida virtuosa, existe um ganho desfavorável dentro de uma disciplina negativa, com resultados consequentemente negativos na sua história.

Esse é o retrato do vício, no qual a pessoa entra por conta de um ambiente, uma circunstância, uma experiência em que foi tentada e não refreou os impulsos, porque não tinha uma vida virtuosa nem o espírito forte o suficiente para aumentar o córtex pré-frontal a ponto de ampliar as conexões neurais, e assim não consegue se reconhecer naquele ambiente e exercer o autocontrole de uma forma poderosa e dizer "isso não cabe na minha vida".

> Por que, dentro do conceito da alma, quando eu resisto eu persisto? A resistência é o uso equivocado da força que Deus nos deu, porque está presa no orgulho, na soberba, a ponto de eu não me permitir perceber que a verdadeira força está não em negar a dor, mas em abraçá-la, assim como no abraçar a luz e em me sacrificar.

O orgulho, quando excessivo, pode ter várias manifestações prejudiciais que impedem o crescimento e a prosperidade em diversas áreas da vida humana. Dentre os aspectos negativos, podemos citar a *intransigência* e a *falta de abertura para feedback*, que podem levar uma pessoa a se recusar a aceitar críticas ou feedbacks construtivos, impedindo seu crescimento pessoal e profissional; *dificuldade de aprendizado*, que faz com que a pessoa acredite que já sabe tudo e, portanto, pode não estar aberta para aprender coisas novas, o que limita o desenvolvimento pessoal e profissional; *relações interpessoais tensas*, pois o orgulho excessivo pode criar conflitos em relacionamentos, comportamentos arrogantes e falta de consideração pelos sentimentos e opiniões dos outros; *dificuldade de pedir ajuda*, que pode resultar em sofrimento desnecessário ou em fracasso em alcançar seus objetivos; e, ainda, *não admitir erros*, pois o excesso de orgulho pode impedir uma pessoa de admitir quando está errada, o que pode levar a erros persistentes e evitar o aprendizado com base nesses erros.

O viés negativo do orgulho é tão extenso que aspectos como *sentimento de superioridade*, que pode alienar os outros e impedir a formação de relacionamentos saudáveis e produtivos, *falta de empatia*, ou seja, a incapacidade de se colocar no lugar dos outros, prejudicando a capacidade de compreender e se conectar com as experiências deles, e a *autocomplacência*, na qual uma pessoa não se esforça para melhorar ou alcançar seus objetivos, porque acredita que já é boa o suficiente, também se somam à lista de malefícios do orgulho; sem contar o prejuízo na carreira, uma vez que, no ambiente de trabalho, o orgulho excessivo pode impedir a colaboração eficaz, a capacidade de receber feedback e a disposição para se adaptar a novas ideias ou mudanças, limitando as oportunidades de avanço; e por fim, o impacto na saúde mental, pois os conflitos ou o isolamento causados pelo excesso de orgulho podem contribuir diretamente para a ansiedade e a depressão.

A AUTORREFLEXÃO REDENTORA

Tudo o que tem sido dito até aqui sobre os vícios e as virtudes tem uma única via comum para ser decifrada, que é acessada por meio do **autoconhecimento**. Você pode continuar na negação e fingir que olhar para si é apenas uma resposta automática do seu cérebro ao acordar todos os dias e encarar o espelho. Mas no dia em que enfim você acordar e se dispuser a quebrar esse espelho para ver em verdade quem você é, o seu processo de redenção por meio da autorreflexão será iniciado, e poderá levá-lo aonde você jamais imaginou chegar.

"Conhece-te a ti mesmo" está na filosofia, na teologia, na metafísica e em toda base científica que exerce com seriedade o estudo da vida humana. Então, o que o faz pensar que essa não é por definição a chave para acessar o seu **autodomínio** diante daquilo que você conhece e que o colocará exposto a uma situação de risco? Na autorreflexão você encontra a sua verdadeira **autoimagem**, que mostra como o Criador o fez à sua imagem e semelhança, portanto, dotado da mesma força geradora do Universo. Então, até quando você permitirá ser enganado pelos impulsos viciantes instalados no seu cérebro?

Na autorreflexão você sabe realmente o que é a **autoestima**, momento em que a mesma força criadora que habita em você quer seu olhar para si como criatura muito amada, logo, altamente capaz de enxergar que você é muito mais do que uma sombra de si mesmo.

A **autorreflexão** consiste na contemplação sobre seu estado verdadeiro, por isso você consegue e sempre será capaz de promover o autocontrole das suas virtudes, principalmente as mais poderosas, como a prudência, a temperança e a justiça, que o guiarão para o buraco a que, por algum aprisionamento do passado, você tiver sido arrastado.

Assim também é com a **autoconsciência**, que, ao ser acionada durante o processo de refletir sobre si mesmo, permite que você identifique padrões limitantes, tome decisões mais conscientes e responda de maneira mais adequada às situações, facilitando o autodomínio e o crescimento pessoal.

Toda essa caminhada por dentro de si mesmo proposta pela autorreflexão culminará no que você já tem ouvido há tempos, mas ainda insiste em não trazer de uma vez por todas para a sua vida, que nada mais é do que o **autodesenvolvimento** e, por fim, a **autorrealização.** Como você espera crescer e alcançar melhorias em todas as áreas da sua vida sem buscar novos aprendizados, aprimoramentos constantes das habilidades, cultivo de valores saudáveis e manutenção de metas pessoais?

Do ponto de vista da neurobiologia, o autodesenvolvimento envolve a neuroplasticidade, a capacidade do cérebro de se reestruturar e aprender novas habilidades ou comportamentos. Agora, se pensarmos nesse contexto de **autoaperfeiçoamento** na esfera da alma, ao trabalharmos tudo isso para continuar crescendo de forma virtuosa no processo de fé, alcançaremos a iluminação espiritual, na qual reside verdadeiramente a **autorrealização.**

SEJA FORTE E CORAJOSO E VENÇA O MUNDO DE VÍCIOS

Há duas passagens bíblicas especificamente que são as mais propagadas quando o assunto é desenvolvimento pessoal, "Seja forte e corajoso" (Josué, 1:9) e "Eu venci o mundo" (João 16:33). Tudo o que você acabou de ver neste capítulo é a exortação dessas duas sentenças que, em outras palavras, mostram que, quando entendemos que o fortalecimento emocional e a perspectiva em relação ao mundo, o autocuidado e a forma como você cresce em relação a um trauma determinam a resposta que você vive, é possível perceber que há algo muito além do que tratamos ordinariamente.

Portanto, pense que é um motivo de grande alegria passar por diversas provações, como na realidade são os próprios vícios, pois a prova da sua fé produz perseverança, que tem ação completa a fim de que sejam maduros e completos sem lhes faltar coisa alguma. A isso chamamos **resiliência**, que é a capacidade de se manter virtuosamente e em retidão na forma original da vida que é concedida pela fonte criadora do Universo. Muitos nem sequer tocam essa vida. Há pessoas que vivem a vida inteira sem escutar o chamado a uma vida virtuosa. Mas quando somos provados na forma mundana, 99,99% das vezes temos de exercer a aceitação, ou veremos aquilo que nos sangra como castigo, enquanto na visão sagrada sempre será visto como lição.

A resiliência sem disciplina pode ser tanto positiva quando negativa, porém, quando positiva, é capaz de levar ao caminho virtuoso, que não nos poupa de problemas, mas quando negativa nos leva a vícios. No entanto, pela misericórdia divina, no caminho do sofrimento somos convidados a viver na virtude, pois é nesse caminho virtuoso que entendemos que o sacrifício é o chamado. "Chamado para quê, Dr. Ju?" Para uma vida em abundância, como já disse anteriormente.

Todo ser humano é resiliente, por ser a imagem e semelhança do Criador, por essa razão dotado da habilidade natural de ser forte e corajoso. Estamos aqui para manifestar nossa autoridade, dominar sobre todas as coisas. Mas se você não conhece o seu domínio e não exerce um controle próprio sobre o que domina, se não tem ideia do que você domina, não é conhecedor do seu valor.

Então, voltando à autoimagem, como você se vê? Distorcido? Qual imagem você enxerga no próprio reflexo? A imagem verdadeira ou através de óculos sujos? Como você se relaciona com o que vê quando coloca ou tira os óculos?

> **"Resiliência não é olhar para a essência, resiliência é manifestar a sua essência. Na realidade, resiliência é a manifestação de um dom. É ser sempre convidado para manifestar sua intimidade com Deus, o seu Criador. Ele sempre estará com você, por mais que você esteja no meio do vício e tente se afastar Dele. Uma tragédia será usada para resgatar você de um vício.**

A resiliência é a manifestação da promessa sagrada de vida em abundância neste plano terreno. A propósito, sabe por que ninguém destrói a esperança? Porque ela é o estado de consciência da resiliência. Quando sei a quem pertenço, de onde vim e para onde vou, tenho um porquê e um para quê que sustenta qualquer como. Ninguém consegue reduzir a minha esperança. A minha esperança não vem da capacidade, mas do estado de graça que Deus me deu para sonhar não pelo que o dinheiro, ou seja, o material, ousa entregar-me.

> **Os sonhos do seu coração não têm de ser limitados pelo que você pensa que viveu pelo seu passado. Aquilo que foi plantado na sua vida em alinhamento com o que Deus quer para você é muito mais do que você ousa imaginar.**

A resiliência existe para que você possa se levantar de cada porrada muito mais forte e retornar à origem. É preciso, portanto, entender que, se não conseguimos manifestar essa resiliência, criaremos um trauma, uma fissura dentro do processo de intimidade com o sagrado em nós. A mente abrigada em uma alma conturbada grita, por isso é preciso ter ouvido espiritual treinado, afinado para ouvir o que verdadeiramente importa, não os gritos da sua mente, mas para entender o que Deus fala para você em meio às loucuras da sua mente.

ARTHUR: ECOS DE UMA REALIDADE VIRTUAL

Numa cidade repleta de luzes e sons incessantes, vivia Arthur, um jovem de 28 anos cuja vida havia sido gradualmente consumida pelo brilho incessante das telas e pelo mundo digital que prometia mais do que a realidade jamais poderia. Arthur, um dia, foi um profissional promissor na área de design gráfico, com um talento especial para capturar a essência de suas ideias em visuais deslumbrantes. No entanto, a linha entre a paixão e a obsessão é tênue, e para Arthur, o mergulho no mundo digital começou como uma extensão de seu trabalho e rapidamente se transformou em uma dependência que alteraria o curso de sua vida.

A dependência de Arthur não era alimentada por substâncias químicas, mas pela dopamina liberada a cada conteúdo assistido ou jogado. Cada novo episódio assistido, cada documentário consumido, e cada vitória em seus jogos favoritos disparava uma onda de dopamina, reforçando o ciclo de dependência. As plataformas de streaming e os mundos virtuais dos videogames se tornaram seu refúgio, um lugar onde ele poderia ser qualquer um, viver qualquer aventura, sem as limitações e decepções da vida real.

As consequências dessa dependência não tardaram a se manifestar. O trabalho de Arthur sofreu primeiro; prazos perdidos se tornaram frequentes, e sua criatividade, outrora vibrante, foi sufocada pela névoa de exaustão e isolamento. Sua vida social, que já fora repleta de encontros com amigos e participações em eventos de design, desvaneceu-se como uma lembrança distante. As relações familiares foram tensionadas ao ponto de ruptura, com conversas transformadas em confrontos sobre seu estilo de vida.

Arthur passava mais de vinte horas por dia imerso em conteúdos digitais, navegando de uma série para outra, de um documentário a filmes, sem falar nas incontáveis horas dedicadas a videojogos. Ele habitava mundos virtuais onde assumia a identidade de personagens heroicos, vivendo vidas que não podiam ser mais diferentes da sua. Em comunidades online,

Arthur era conhecido por seus avatares, não pelo homem que se escondia por trás da tela. Ele se vestia de personagens digitais, assumindo suas identidades e missões como se fossem suas.

A virada para Arthur veio de uma fonte inesperada. Durante um raro momento de introspecção, ele tropeçou em um documentário sobre dependência digital enquanto procurava algo novo para assistir. Ao ver reflexos de sua própria vida nas histórias compartilhadas, Arthur sentiu um despertar doloroso. A realização de que sua existência havia se tornado uma sombra do que poderia ter sido o atingiu com força.

Movido por um desejo de mudança, Arthur buscou ajuda. O caminho para a recuperação foi árduo, marcado por recaídas e momentos de dúvida. No entanto, com o apoio de profissionais especializados em dependência digital, grupos de apoio online (ironicamente, uma forma saudável de usar o digital) e a lenta reconstrução de seus laços familiares e sociais, Arthur começou a trilhar o caminho de volta à realidade.

Aos poucos, ele redescobriu prazeres simples – uma caminhada ao ar livre, a textura do papel de um livro real, conversas face a face com amigos. Arthur aprendeu a moderar seu consumo de conteúdo digital, encontrando um equilíbrio saudável entre o mundo virtual e o real. Ele voltou a se dedicar ao design gráfico, desta vez com uma nova perspectiva, usando suas experiências para criar campanhas de conscientização sobre a dependência digital.

A história de Arthur é um lembrete do poder que os mundos digitais têm sobre nós e da importância de manter esse poder em xeque. Ela fala sobre a luta contra a dependência, a redescoberta do self e a reconexão com a realidade, provando que, mesmo nas profundezas do desespero, há sempre uma esperança de renovação.

Seja forte e corajoso para manifestar a fé em cada uma das faculdades intrínsecas da alma apresentadas neste capítulo e veja com os próprios olhos como tudo na sua vida será possível, inclusive desmoronar o mundo dos vícios.

1. Quando somos orgulhosos, não admitimos nossas falhas e defeitos. Da mesma forma, não assumimos os passos que damos na direção de um vício. **Você já reconheceu a existência de algum vício em sua vida? Quais foram os passos que deu até chegar a ele? Comente.**

2. É preciso coragem moral para vencer o próprio orgulho. **Você já se assumiu orgulhoso para si mesmo e perante sua família? Como se sentiu? Comente.**

3. Uma alma que venceu o orgulho se torna humilde. E um traço da alma humilde é conhecer a si mesma, suas limitações e fraquezas, e reconhecer a realidade tal como ela se apresenta. Essa humildade diante dos fatos é fundamental para vencer qualquer vício. **Estabeleça três práticas de humildade que você pode exercer ainda nesta semana; em seguida, descreva-as aqui e quais foram os resultados.**

VI

O RESGATE DO VÍCIO

“Pois Deus não nos deu espírito de covardia, mas de poder, de amor e de equilíbrio” (2 Timóteo 1:7).

A história de todo viciado se inicia em um ambiente de estímulos que são percebidos como fonte de prazer, de recompensa e de novidade, levando a pessoa a transitar e a permanecer em um caminho cada vez mais distorcido e distanciado de quem ela é em essência. Tudo começa com pequenas doses no processo de exposição e experimentação ao vício, mas, como já cito neste livro, a fração do objeto viciante precisa ser cada vez maior para que o efeito do que é lido como prazer seja liberado pelo corpo, num verdadeiro processo de reforço para a consolidação do hábito vicioso[75].

Uma pessoa viciada em compra, por exemplo, não vai conseguir sentir por muito tempo aquele mesmo frenesi alimentado pelas compras dos últimos dias que a fizeram estourar o cartão de crédito, afinal, o momento terminou assim que ela colocou o pé em casa e se viu longe do seu foco de compulsão. Assim como uma pessoa viciada nos jogos de celular não vai conseguir abandonar o smartphone na hora dormir, pois o caminho neural criado nessa consolidação do vício não vai permitir que seu funcionamento basal, ou seja, o seu metabolismo trabalhe de maneira ajustada para os hábitos saudáveis que garantem o seu bem-estar[76]. O pensamento compulsivo induzido pela liberação de dopamina em excesso irá desencadear insônia, sudorese, inquietação, enfim, pane generalizada até que ela volte a pegar o celular e o leve para a cama, a fim de seguir se consumindo no mesmo aplicativo de jogo dia após dia.

A DINÂMICA DO VÍCIO

Apesar dos riscos para a saúde e de consumir todo o tempo e energia, roubando espaço do trabalho, da família, dos amigos e de tudo mais, a dependência do vício continua. Isso por conta de um misto de abstinência ("Sinto muita falta") e tolerância adquirida ("Preciso de mais e mais"). Apesar dos riscos à saúde se acumulando, o vício continua. Isto é, a dependência, por ora, consegue vencer o viciado.

A figura a seguir mostra uma versão resumida da dinâmica dos vícios, conforme entendida pela medicina psiquiátrica:

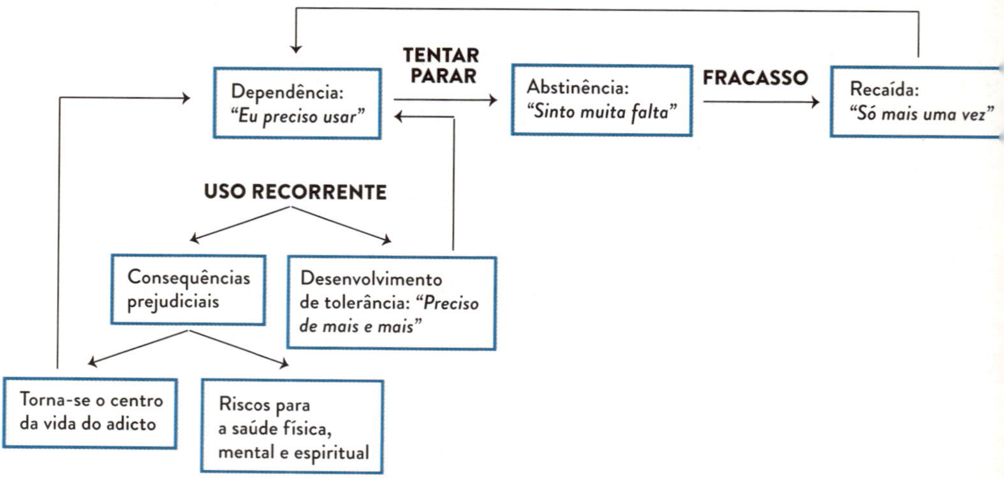

Seja qual for o vício que a pessoa tenha adquirido na vida, chega uma hora em que a exposição ao objeto viciante é tão alta que ela não consegue sentir mais prazer nenhum, e no lugar fica apenas o sofrimento gerado pelas doenças físicas, emocionais e espirituais que vão sendo desencadeadas. Contudo, no momento em que as pessoas viciadas são confrontadas com a dor que elas estão causando a si e aos outros, em especial ao enxergar e reconhecer a dor do outro, é possível iniciar o processo de resgate do vício.

AS 7 REGRAS DO RESGATE DO VÍCIO

A redenção, ou seja, a cura e a libertação de qualquer vício, sempre se dará por meio do **resgate do vício**, que está pautado nas sete regras apresentadas a seguir e que, uma vez colocadas em prática, levarão o indivíduo a viver em liberdade e plenitude.

1

Admitir a existência do vício e a necessidade de ajuda para superá-lo

O viciado só conseguirá verdadeiramente ser resgatado se der o primeiro passo e admitir que tem um vício e que precisa de ajuda para sair dele. É nessa hora que deixa de assumir uma postura que muito provavelmente o afundou no vício, que é a de orgulho e soberba, que o fez achar que daria conta de sustentar um vício sem afetar sua vida como um todo, ou pensar "Sou especial. Apenas os outros que se viciam. Não acontecerá comigo!".

O vício foi se instalando e o dominando gradativamente, motivado pela sensação de prazer que aparentemente ele carregava em si, e assim, cada vez mais, foi distanciando-o de seu Eu Verdadeiro[77], tornando-o incapaz de acessar seu autoconhecimento e a autorreflexão para que enxergasse que aquele caminho não era o que refletia a sua real autoimagem.

2

Reconhecer a importância da espiritualidade e da busca por um poder superior

O processo de admitir um vício quase nunca é fácil, pois ele vem travestido como hábito, o que leva a pessoa a ter uma falsa impressão de naturalidade. Mas chega um ponto em que o viciado começa a se detonar de tal maneira que ele não somente vê a si no buraco como também começa a perceber que está arrastando as pessoas ao seu redor para essa vala, e é nessa hora que o processo da espiritualidade como forma de resgate começa a acontecer. Afinal, é impossível, para o ser humano, não ser incomodado com a dor do outro, em especial a que ele mesmo inflige. Isso ocorre até nos casos mais extremos, como você verá mais adiante neste capítulo.

Recapitulando, somos seres biológicos, psicológicos, físicos e espirituais[78], e, ainda que você não acredite, a sua alma e seu espírito não abandonam o seu corpo, por mais dissociado que você esteja da fonte Criadora. O seu cérebro é um órgão, e a sua mente é a produção do seu cérebro, mas o que de fato o mantém vivo é a sua *anima*, ou alma, que, como viu no Capítulo IV deste livro, tem muitas camadas, além de abrigar o seu espírito.

O ser humano, por si só, nunca será capaz de sair de um estado destrutivo do vício. Ele pode até pensar que uma medicação irá salvá-lo, ou uma terapia, ou qualquer outra fonte puramente intelectual. Mas a verdade é que, se não houver uma integração entre as inteligências cognitiva, afetiva e espiritual – vou repetir a questão do espírito neste livro quantas vezes forem necessárias para que você entenda –, será impossível continuar com o processo de resgate do vício, que depende intrinsecamente do reconhecimento da importância da espiritualidade e da busca do Poder Superior.

3

Aceitar que a recuperação é um processo e que é preciso buscar ajuda espiritual

É comum que, logo depois que o indivíduo admita que tem um vício e reconheça que precisa de ajuda, ele acredite que já se livrará do que o tem afundado na vida. Mas a questão é que a recuperação consiste em todo um processo, que começa quando a pessoa assume a responsabilidade para reorganizar a própria vida mediante o confronto das escolhas que fez e que a levaram até o estágio em que se encontra.

Ela então tem de estar aberta e disposta a tocar em aspectos centrais na sua vida, como saúde, relacionamentos, espiritualidade, e mudar para melhor. Isso vai implicar mudança de hábitos, comportamento, amizade, ambiente, conversa, padrões preestabelecidos, além de medidas concretas para reparar danos causados aos outros, como o ato de pedir perdão, e também minimizar recaídas – por exemplo, suspender a exposição ao objeto que a vicia, seja este uma bebida, um celular, seja mesmo uma pessoa sem a qual ela acredita que não pode viver, ou seja, está viciada nela.

Novamente, esse processo de recuperação não é isolado, por isso a busca da ajuda espiritual é fundamental para o êxito de cada mudança necessária nessa etapa. Afinal, é mediante o acesso à espiritualidade que acionamos as faculdades intrínsecas da alma e somos capazes de exercer ferramentas como a autoconsciência e o autodomínio, que nos mostram do que verdadeiramente somos capazes quando estamos despertos para a nossa real autoimagem.

4

Identificar os próprios defeitos e qualidades para detectar áreas de melhoria

Como parte do processo de recuperação do vício, a continuidade da mudança de hábitos e comportamentos só ocorrerá efetivamente com a identificação de quem a pessoa é em toda a sua estrutura, ou seja, conhecendo seus defeitos e qualidades para entender o que deve aprimorar em si mesma até se libertar por completo do vício.

Se a pessoa não reconhece o orgulho exacerbado que tem, a ponto de achar que não precisa de ninguém para largar a bebida, parar a compulsão por comida ou pornografia, ela não está conseguindo identificar o defeito que a mantém prisioneira naquele vício. Assim como o indivíduo que não reconhece em si a qualidade de se colocar no lugar do outro, ou seja, de exercer a empatia, perde a chance de mudar a trajetória que o tem levado para o buraco, pois acaba se igualando àquela mesma pessoa que continua cega não só pelo orgulho, mas também pela raiva, inveja, luxúria e tantas outras transgressões que a mantêm na corrosiva situação de vício.

5

Assumir responsabilidade pessoal e buscar apoio emocional

Todo esforço empregado para admitir a existência do vício, reconhecer a importância da espiritualidade, aceitar o processo de recuperação e identificar os próprios defeitos e qualidades só é sustentado quando a pessoa assume a responsabilidade pessoal que a fará se manter comprometida com o combate ao vício. Nesse momento, ela também já sabe que não poderá seguir adiante sem buscar apoio emocional, pois entende que é verdadeiramente responsável por todo impacto que gerou às pessoas ao seu redor. Portanto, os traumas precisarão ser trabalhados para que não causem mais danos nem a si nem a quem está a sua volta, seja família, seja cônjuge, filhos, e assim por diante.

Podendo também ser chamada de autorresponsabilidade, essa regra é fundamental para a retomada do autodomínio e do autodesenvolvimento, que se refere exatamente ao aperfeiçoamento necessário para retirar o viciado do caminho de destruição para então direcioná-lo à mudança restauradora.

6

Estar aberto e disposto a mudar para melhor

A mudança sempre fará parte do contexto de restauração de um indivíduo que esteve aprisionado por um vício. Essa abertura e disposição para mudar para melhor começam a acontecer quando a pessoa já aceitou ajuda emocional e espiritual, passando inclusive a enxergar os relacionamentos tóxicos[79] aos quais ficou submetida e que a levaram a uma vida de vícios.

Ao abrir os olhos, ela passa a reconhecer o que lhe convém ou não, é capaz de confrontar a realidade que se apresenta diante de si, até que chega a um ponto em que enxerga que está em um relacionamento abusivo, entende que não é mais possível continuar, então decide romper com o parceiro ou parceira que a mantém na miséria do vício. Em seguida, cada novo passo será dado para mudar para melhor, aprimorando sua qualidade de vida.

7

Tomar medidas concretas para reparar os danos causados pelo vício e continuar a praticar os princípios do resgate em todas as áreas da vida

Nesta última regra, a tomada de medidas para reparação de danos causados pelo vício exigirá que o indivíduo encare todos aqueles que de alguma forma afetou ou a quem fez algum mal em decorrência do seu vício, para buscar o perdão tão necessário ao processo de cura.

Não há outra forma de se reintegrar à sociedade e restaurar a vida sem praticar as sete regras aqui apresentadas diariamente e vivendo de uma maneira bem vivida um dia de cada vez. Lembrando que esse processo é bem semelhante àquela instrução de primeiro colocar a máscara em você no avião, ou seja, ter esse autocuidado necessário para capacitá-lo a tomar as atitudes corretas de reparação; às vezes você não terá estrutura para lidar com o confronto de outras pessoas para as quais você quer pedir perdão; às vezes elas nem darão credibilidade para você, mas, ao lembrar-se de que você tem acesso à misericórdia divina, jamais se sentirá sozinho outra vez como somente o vício é capaz de fazê-lo sentir-se.

O RESGATE DO EU SAGRADO

No processo de resgate, não há outra maneira de se libertar do sofrimento, das sensações de incompetência e incompletude que não seja por meio do seu Eu Sagrado resgatando-o do seu Eu Viciado. Quando o ser humano abraça um vício, ele, em outras palavras, se vê na miséria completa e passa a viver num vale de lágrimas. Por isso que, se até aqui você ainda não percebeu que a busca do autoconhecimento para o encontro com a sua essência espiritual é a chave para todo processo de cura de um vício, dificilmente alcançará a libertação do que o aprisiona no vício do medo que o impede de viver uma vida em abundância.

"Como eu saio de uma vez por todas disso, Dr. Ju!?", é o que mais costumo ouvir de uma pessoa que chega até mim para reclamar das angústias que vem sofrendo com seu estado de saúde, detonado por alguma compulsão alimentar, por drogas, álcool ou sexo, por exemplo. E a primeira coisa que digo a ela é que é preciso sair do ambiente que a expôs a esse vício, afinal, a primeira regra, que consiste em admitir que se viciou em alguma porcaria e precisa de ajuda, ela já cumpriu; então, o próximo passo é parar de se expor ao que desencadeia a tentação de consumir de novo o que a intoxica. Em contrapartida, esse mesmo ambiente que a expõe ao vício é necessário para que ela veja o sofrimento dos outros ao seu redor, para que isso ative nela algo que nem sequer gostaria de ver, por exemplo, amigos morrendo de overdose, ou em uma batida de carro, após um porre violento.

O ambiente externo em dor ativa um estado de profunda compaixão que é um duro golpe na alma do ser humano. É aqui que Deus manifesta o início do resgate, ou seja, de uma tragédia ele gera a possibilidade do milagre. E se você não acredita em Deus nem em nada, o seu Eu Altruísta o resgata do seu Eu Viciado, o seu Eu do ponto de vista objetivo, que está cansado de ser somente isso, que sabe que pode ser muito mais e que veio aqui para isso; resgata-o do seu Falso Eu, como já citei aqui neste livro, baseado nos estudos de Winnicott[80].

Até quando a pessoa não quer reconhecer um vício, ela pode ser resgatada, ao ser confrontada pelo ambiente a que foi exposta. E até mesmo quem aparentemente é incapaz de se colocar no lugar do outro, caso dos sociopatas e psicopatas, quando confrontado em amor pode reconhecer o dano causado a outro. Um caso que ganhou notoriedade e que prova isso é o do *serial killer* Gary Ridgway, conhecido como "assassino de Green River"[81]. Ele foi confrontado no tribunal com o pai de uma de suas vítimas, e o que todos esperavam é que esse pai o condenasse, o execrasse por ter tirado a vida de sua filha de forma brutal. Mas, em vez disso, aquele pai olhou para aquele homem e disse que ele o colocava em uma situação muito difícil, entre sentir a dor de ter perdido violentamente a filha e o cumprimento da sua fé, que lhe pedia que ele o perdoasse. E aquele pai o perdoou. O que se viu na sequência é a prova de que, ao buscarmos uma força superior, até mesmo o coração de pedra se transforma, pois aquele assassino chorou, demonstrando traço de humanidade que ninguém esperava que tivesse.

Quando você está em meio à dor, você machuca, maltrata e pisa em todo mundo ao seu redor. Mas o resgate se dá na mesma hora em que essa primeira lágrima escorre. Quando até mesmo no caso mais improvável, no coração mais duro, há redenção, o que o faz pensar que não será possível se libertar de um vício?

"Eu lhes darei um só coração e os animarei com um espírito novo: extrairei do seu corpo o coração de pedra, para substituí-lo por um coração de carne." (Ezequiel 11:19)

Nesse exemplo do *serial killer*, não estou dizendo que ele se recuperou, mas, ainda assim, trata-se de uma nova perspectiva de possibilidade de vida. Esse é o exemplo de resgate do Eu Sagrado, assim como quando a pessoa se vê no fundo do poço das drogas e diz para si mesma "eu tenho que sair dessa vida". Em outras palavras, se até o psicopata tem como sentir algo pelo resgate que Deus promove, que dirá uma pessoa que busca aplacar e reduzir suas dores causadas pelo vício e que ficou desconectada de tudo, em decorrência do distanciamento cerebral que teve tanto de comportamento como de ambiente! Na realidade, ela tem um convite a uma nova existência nesse resgate do Eu Sagrado.

> **Toda identificação gera limitação. Sua principal identificação deve ser com Deus[82].**

Mais uma vez, é preciso aceitar que o vício existe e que ele foi mais forte do que você dentro do mundo no qual vive hoje. Mas quando você expande esse mundo por meio da quebra da sua autoimagem, finalmente percebe o espelho que o limita, passando inclusive a enxergar o que está por trás disso e então tocar camadas mais profundas da vida.

Todo processo de mudança exige uma travessia e uma mudança de identidade, como você acabou de ver nas sete regras do resgate, e em como as faculdades intrínsecas da alma têm papel central nesse processo. Afinal, quando a autorreflexão ocorre, a pessoa é levada a um estado de contemplação que quebra a falsa autoimagem que ela vinha construindo e que a levou para o vício. É assim que ela finalmente diz que a droga não a representa, que a compulsão não a define, e que a real conexão com a sua verdadeira imagem está no encontro com seu Eu Sagrado.

Continuando, quando a gente pensa sobre o domínio da pessoa, e ela percebe que esse domínio envolve uma série de circunstâncias, na hora em que as experiências de dor vão aumentando, ela começa a represar sentimentos a ponto de admitir não aguentar mais o sofrimento. Consequentemente, se ela não direciona suas emoções de maneira positiva, pode chegar ao extremo do suicídio.

Portanto, a energia precisa ser direcionada para algo importante e positivo, esperançoso e não fundamentado no medo, porque, se assim for, atentar contra a própria vida será uma ameaça constante. Em contrapartida, na hora em que a pessoa reconhece a importância da espiritualidade, da reflexão profunda, do autoconhecimento mais aprofundado, ela volta a ser um bebê espiritual, como dizia Santa Teresa D'Ávila[83].

Nesse estágio inicial do ser espiritual, a pessoa poderá se ver num ambiente em que precisará de cuidados e da presença de amizades corretas, tendo que mudar tudo na sua vida a fim de ser resgatada. Seguindo nas regras do resgate apresentadas anteriormente, o indivíduo precisa aceitar que a recuperação é um processo, uma travessia, ao longo da qual muitas vezes haverá falhas. Mas, ao fixar seu coração no alvo, que é a conexão sagrada e completa em Deus, Jesus Cristo, Criador, enfim, da maneira que a pessoa conseguir enxergar, ela se manterá firme nesse processo de resgate, que essencialmente a levará também a lapidar constantemente a sua alma para que se torne cada vez mais virtuosa.

1. Recapitulando os sete passos para o resgate do vício, apresentados neste capítulo, temos: 1. Aceitação; 2. Reconhecimento; 3. Busca de ajuda espiritual; 4. Identificação dos próprios defeitos e qualidades; 5. Assumir responsabilidade pessoal e buscar apoio emocional; 6. Estar aberto e disposto a mudar; e 7. Reparar danos causados pelo vício. **Com base nesse passo a passo, identifique em qual etapa você se encontra e descreva quais dificuldades tem enfrentado para completar todas as regras do resgate do vício.**

VII

DA RECAÍDA À RESTAURAÇÃO DA INTEGRIDADE

"De todas as forças conhecidas do Universo, a única capaz de reequilibrar as nossas faculdades intrínsecas para seguirmos a nossa jornada em direção a uma vida abundante é o Espírito."

PRAZER A TODO CUSTO – JULIANO PIMENTEL

Viver uma vida aprisionada por um vício causa inúmeras feridas no corpo e na alma. Como você aprendeu no Capítulo II, um vício é criado na mesma raiz do prazer e dos nossos hábitos, o que faz com que as chances de cairmos novamente em uma prática viciosa da qual acreditávamos ter nos livrado sejam muito grandes.

As muitas batalhas da vida realmente vão nos cansando. São provações que testam nossos limites, a capacidade de nos levantar depois das porradas que levamos, a resiliência em nos manter equilibrados mesmo com os muitos traumas que vão sendo instalados em nossa mente desde as primeiras experiências de vida. Em meio a todo esse caminho de adversidades que vai formando o nosso ambiente, em determinado momento de nossas vidas estaremos expostos a alguma "válvula de escape".

À primeira vista, não parece haver nada demais em se entregar a um prazer que está gerando satisfação e relaxamento imediato em nosso corpo, que tem vivido tão cansado com as lutas diárias. Além disso, como precisamos de estímulos e motivação para simplesmente tudo na vida, do momento em que acordamos até quando vamos dormir, é natural que busquemos as nossas doses bioquímicas em todas as fontes à disposição, pois elas serão necessárias para o nosso funcionamento de um modo geral.

Se você ainda não tinha se dado conta, saiba que tudo o que você come, ingere, inala, vê, ouve, sente na pele e processa como pensamento está agindo o tempo todo na sua usina chamada corpo. E nada fica separado, por isso que, desde a escolha do alimento até o que você resolve assistir no serviço de streaming, tudo influenciará em todas as instâncias da sua vida.

Agora, quando estamos em desequilíbrio com as nossas inteligências primordiais, ou seja, a afetiva, intelectual e espiritual, e descompensados em nossas faculdades intrínsecas da alma, o resultado invariavelmente será a transformação de um ambiente a princípio saudável e virtuoso que somos em essência para um ambiente vicioso, que vai contaminando o nosso corpo com doenças e definhando a nossa alma.

Um dos maiores desafios desta obra, sem dúvida, é mostrar a você que o cerne da busca pelo prazer a todo custo é a luta da carne contra o espírito, que desencadeia um desequilíbrio estrutural em todo o eixo do ser humano. Mas não há outra forma de superar essa batalha contra o vício que nos mata que não seja integrando cada uma das três instâncias que temos visto ao longo deste livro e seus respectivos desdobramentos.

Na instância biológica, em que encontramos a nossa inteligência afetiva e intelectual de maneira mais acentuada, já sabemos como o corpo reage diante da formação de um vício, por que isso acontece, e como passa a ser um hábito, dada a nossa capacidade de formação de memória e armazenamento do que aprendemos assim que expostos a determinado ambiente.

Na instância psicológica, temos contato com nossas faculdades mentais, que são formadas ao longo da vida, preenchidas com nossas memórias, informações coletadas e aprendizados adquiridos, e tudo isso é conduzido pela nossa inteligência cognitiva; afinal, sabemos o que podemos fazer com base no que já temos de repertório. Aquilo que sabemos vamos manifestando em forma de hábitos, e aquilo que não sabemos é ignorado, podendo ser ou não modificado conforme a inteligência afetiva é utilizada.

Até que chegamos à instância espiritual, que é o terreno mais espinhoso para o ser humano de modo geral. Ao longo de eras, a busca por respostas nesse campo nunca deixou de acontecer. Do teocentrismo, ou seja, da sociedade que compreendia Deus como o centro do Universo, caminhamos para o antropocentrismo, que consiste na figura do homem como o centro de todas as coisas. Com isso, o espaço para o exercício da inteligência espiritual foi ficando cada vez mais esmagado, afinal, no que realmente o ser humano poderia acreditar?

Com a entrada na sociedade de consumo, foi ficando cada vez mais fácil se render aos prazeres: fast-food, internet, redes sociais... E, associado com a capacidade extraordinária do nosso cérebro, não foi nada difícil criar, em um curto espaço de tempo histórico, a impressionante onda de vícios que se alastrou pelo mundo.

A essa altura do campeonato, a desconexão do corpo com a mente e a alma é evidente. Tudo foi sendo consumido apenas pela busca excessiva do prazer, uma vez que passamos a ser cada vez mais ansiosos e depressivos. O nosso instinto de preservação natural, sobre o qual comentei na minha obra anterior, *Ansiedade*, deixou de ser usado para essa finalidade a partir do momento em que passamos a viver em função de aplacar os traumas vividos na base da compensação.

A RELAÇÃO ENTRE A ANSIEDADE E O VÍCIO

Ansiedade e vício caminham juntos, uma vez que o vício é a expressão da alma intensamente machucada, que perde a sua liberdade e fica cada vez menos parecida com a sua natureza divina, e a ansiedade é uma das principais manifestações dessas feridas da alma. Uma pessoa ansiosa e viciada não é livre, pois passa a ser incapaz de usar a razão, uma vez que está sofrendo constantemente falha em seus neurotransmissores, deixando-a cada vez mais dependente da química do vício ao qual está submetida; não é livre porque é incapaz de exercer sua vontade, afinal, com a predominância do vício em seu funcionamento geral, suas faculdades mentais ficam suprimidas, impedindo até mesmo o seu processo de escolha; e não é livre porque não é capaz de reconhecer o seu Verdadeiro Eu, que de fato é criação de uma Força Superior, e, portanto, uma vez sendo imagem e semelhança dessa Força, a liberdade faz parte da sua essência original.

> Um dia um jovem discípulo perguntou ao velho monge o que era a ansiedade. Ao que o mestre lhe respondeu: "Está vendo aquele lago? A superfície da água é como um espelho refletindo a paisagem. Mas vem o vento e bagunça o espelho. Enquanto o vento sopra, não é possível ver a paisagem pelo espelho". "Mestre, não entendi", disse o discípulo. "Sua mente é o espelho das águas. A paisagem é o mundo inteiro. O vento é a ansiedade. Enquanto ela soprar, turvando sua mente, você não conseguirá ver as coisas como elas são, mas apenas reflexos distorcidos delas".

Como já disse antes, o ser humano é essencialmente um ser virtuoso. Independentemente da crença, é fato que a própria capacidade intelectual e criativa do ser humano, associada aos temperamentos que equilibram suas ações, mostra como somos capazes de produzir frutos bons tanto na nossa vida como em nossa comunidade.

Sabe quando você olha nos olhos do seu filho e sente aquele amor incondicional? Sinal da sua virtude. Ou quando você vê o seu trabalho e o das demais pessoas ao seu redor gerando resultados positivos, melhorando a sua vida e a dos outros? Também se tem aí a virtude.

Em outras palavras, tudo que o aproxima do que é verdadeiramente bom, agradável e que não fere em absoluto você e o outro consiste em virtude. Contudo, quando um esfriamento em nossa alma vai acontecendo, seja pelo contato com um ambiente hostil, seja por um trauma, ou alguma circunstância que desencadeia uma ruptura com sua autoimagem, uma fresta se abre para que o oposto da virtude entre.

A pessoa que está no processo de remissão do vício tem vivido dentro de um acordo que ela fez consigo mesma, com Deus e com as pessoas que ela ama. Porém, diante das válvulas de escape às quais é exposta com a promessa de prazer, ela pode quebrar esse acordo, escorregar de volta para o vício mesmo que o ideal seja que isso não aconteça. Os alcoólicos anônimos, por exemplo, contam cada dia que estão sem álcool na vida deles, pois o ponto é que fiquem longe da bebida e vivam um dia bem vivido de cada vez[84].

Se a pessoa sai do padrão de distância do objeto vicioso de uma maneira direta e volta ao ciclo de sofrimento, ela quebra a integridade, que por sua vez só será restaurada com o reconhecimento do acordo quebrado. Sabe aquele famoso "putz, fiz merda"? É exatamente nessa hora que ele entra.

A pessoa recaiu e tem de reconhecer no segundo momento qual é a prova-análise, todas as pessoas que se importam com ela, que a amam, que deram energia, que fizeram de tudo para que ela ficasse bem, ajudando-a nesse processo, enfim, quem torce positivamente por ela e está na expectativa de que ela fique saudável, longe do vício. Essas pessoas estão esperando, almejando verdadeiramente que ela consiga ficar fora do vício e permaneça assim.

Dessa maneira, quando o indivíduo que recaiu no vício detecta o impacto que sua reincidência causou, por exemplo, em sua mãe, ou pai, filho, marido, chefe, amigos, e assim por diante, ele reconhece para quem mentiu, quais são os impactos na alma dele e como tudo isso afeta sua vida completamente. Uma vez identificados os efeitos provocados em todas as pessoas ao seu redor, na sua relação com todos e com Deus, ele tem de se comunicar com quem quer que seja, sem jamais reter a comunicação, para restaurar a sua integridade.

POR QUE AS TERAPIAS FALHAM?

O paciente, em intenso sofrimento psíquico, vem se tratando há meses, ou mesmo há anos para se ver livre de um ou mais vícios. "Já tentei de tudo, doutor" é algo que se costuma ouvir. Ainda assim, parece que os tratamentos terapêuticos não surtem os efeitos desejados. O paciente até melhora, mas as recaídas são constantes e não parecem ser seguidas de aprendizagem, mudança e superação.

E agora? Como entender o fracasso das terapias contra os vícios?

Foi para responder a essa pergunta que Stanton Peele, PhD em Psicologia Clínica e autor de diversos best-sellers, resolveu desenvolver uma abordagem alternativa ao que vinha sendo tentado na terapia contra os vícios.

Para Peele, todo vício, sem exceção, é fundamentalmente uma dependência comportamental. Isso significa que os incentivos sociais e a forma como o sujeito experiencia o vício são fatores até mesmo preponderantes em relação a outros como a química cerebral. Isso explicaria, segundo o autor, por que soldados que se viciaram em drogas pesadas no Vietnã simplesmente largaram essas substâncias no dia em que botaram os pés em casa, retornando para suas famílias

A ênfase do tratamento deve estar, diz Peele, no ganho de autonomia por parte do paciente. Este, quando suficientemente empoderado, poderá então tomar a decisão pessoal de se livrar do vício. Enquanto isso não acontecer, a abstinência parcial pode ser a solução. Em outras palavras, Peele entende que há condições em que se deve partir para o controle de danos, ao menos até que o paciente esteja capaz de viver em abstinência total.

A abordagem de Peele é holística e personalizada. É a personalidade do paciente que precisa ser tratada, não o vício em si, e cada personalidade é única.

Para esse autor, que acumula críticas por parte dos psicoterapeutas tradicionais, tudo está nas mãos do paciente. É este quem deve descobrir no desejo de viver saudável um desejo maior que o do vício e tomar decisões pessoais apropriadas para realizá-lo.

Afinal, será dessa maneira que a palavra dele terá poder novamente, e para isso ele precisa ser humilde diante de Deus e orgulhoso de ser filho Dele, para honrar essa relação, tornando assim o orgulho em algo positivo, visto que valorizará sua origem sagrada, buscando a reconexão com ela.

Além disso, a pessoa que está em processo de restauração terá de lidar com todas as consequências da sua falta de integridade, dos prejuízos causados, das falhas cometidas e dos danos gerados aos outros. Ela terá de criar um compromisso e estar num ambiente adequado para garantir que a integridade não seja quebrada novamente, para isso pode ser que tenha de mudar de amigos, mudar de lugar, assim como, por exemplo, um pai que muda de cidade para que o filho fique completamente fora do círculo de amizades que tinha quando estava começando a se envolver com drogas. Círculos assim não são verdadeiramente de amigos, por isso precisam ser cortados; eles eram amigos em outra fase da vida dessa pessoa, e agora ela não quer mais fazer parte disso.

Quem está no processo de restauração da integridade precisa ainda ver se as pessoas ao seu redor que sofreram danos por sua causa estão completas. Mas deve se lembrar também de que não precisa atender à expectativa de todo mundo. Deve-se agir de maneira íntegra e virtuosa, sem se tornar responsável por todo mundo, porque do contrário entrará em uma espécie de círculo vicioso do Pequeno Príncipe: "Tu te tornas eternamente responsável por aquilo que cativas"... E não é possível se tornar responsável por todo mundo.

O ciclo de culpa do viciado é muito grande, mas é necessário que ele saia da culpa e que não permaneça nessa posição, pois ela deve ser uma área simples de transição para um crescimento maduro depois da recaída. É como se fossem fases de aprendizado, assim como cada vez que você tira uma nota baixa na prova e refaz essa prova até alcançar eficiência naquela disciplina.

E dentro disso entra uma ação focada na virtude e no amor, gerando transformação; lembre-se sempre do fortalecimento do processo de humildade e de aumentar a sua conexão com o sagrado.

Como você acabou de ver neste capítulo, a recaída é a quebra da integridade do compromisso de se afastar da sua fraqueza. E nessa fraqueza é preciso perceber qual foi o ponto, o gatilho que o fez escorregar, para então estabelecer um comprometimento mais forte mediante isso. Portanto, mantenha seu coração aberto.

Ao longo de toda a jornada que fizemos até aqui, foram apresentados a você todos os principais recursos necessários para entender e identificar o que é o vício, quais são seus mecanismos, como ele nos afeta. Em seguida, foram apresentadas as ferramentas das virtudes, bem como as faculdades intrínsecas da alma para se livrar dos vícios.

Os vícios causam feridas no corpo e na alma e levam o ser humano ao definhamento. Eles nada mais são que o contrário das virtudes, as quais são basicamente um pré-requisito para alcançarmos a nossa verdadeira identidade. Então, se a virtude é a resposta para acessar o nosso Eu Sagrado, o que dizer do vício? O verdadeiro caminho do inferno, da danação, ou como quiser chamar o estado de tortura em que um indivíduo se encontra quando cai na tentação.

Ao longo de toda a minha trajetória como médico, mentor e educador da área da saúde, o aspecto sobrenatural do ser humano sempre foi um ponto de muito estudo e reflexão. E sabe por quê? Porque comprovadamente todas as curas que presenciei tanto no consultório quanto em minhas imersões e workshops só foram integralmente alcançadas a partir do momento em que a pessoa abria o coração para que então agisse a única força realmente capaz de salvar uma vida: o amor incondicional de Deus.

Como curar uma alma arrasada pelo vício? Para alcançar a redenção, é preciso abrir o coração a fim de deixar que o resgate espiritual aconteça. É um processo que envolve a humildade de se reconhecer como viciado e aceitar ajuda, de buscar o perdão mediante um coração contrito para assim viver em liberdade, sem mais as amarras dos traumas e da culpa carregadas pelo passado.

Quem é sarado no mais íntimo da alma é libertado, pois nesse sentido podemos dizer que a visão aos cegos de espírito é restabelecida. É por isso que, quando uma pessoa abandona o caminho do vício e assume uma nova conduta que a resgata gradualmente dessa situação, ela começa a enxergar na vida ordinária que sempre teve coisas que não era capaz de ver antes.

"Eis que faço novas todas as coisas." (Apocalipse 21:5)

O que será que você não tem enxergado em sua vida que ainda o prende ao vício que anda arrastando-o? Para responder a essa pergunta, o primeiro passo é se colocar de maneira humilde na presença do Espírito, que faz novas todas as coisas e que nos capacita a abandonar o orgulho, a vaidade, e assim manter o nosso coração manso e aberto para receber a restauração da alma, que, de tão destruída, gerou doenças no corpo.

Portanto, é crucial deixar a autossuficiência, que insiste em nos vender a falsa ideia de que somos dependentes de nós mesmos o tempo todo, e nos tornarmos mais dependentes do Espírito, que, de todas as forças conhecidas do Universo, é a única capaz de reequilibrar as nossas faculdades intrínsecas para seguirmos a nossa jornada em direção a uma vida abundante.

1. A busca por prazer a todo custo, chamada de hedonismo, é uma porta de entrada para vícios. A liberdade envolve a coragem de fazer o que é certo, não necessariamente o que é prazeroso. **Você já abriu mão de um prazer alguma vez para fazer o que era certo? Descreva como se sentiu.**

2. As provações da vida testam nossos limites e podem levar a procurar "válvulas de escape". É por isso que ansiedade e vício estão interligados. **Qual foi o episódio de ansiedade pelo qual você passou que desencadeou um comportamento vicioso? O que você fez em seguida para se restabelecer?**

3. É importante abrir o coração para receber ajuda e buscar a restauração da alma. A pessoa de coração aberto é humilde e aprendeu a depender do Espírito para ter uma vida abundante. **Você poderia afirmar que já teve um encontro pessoal com o Espírito? Caso sim, o que mudou na sua vida após esse fenômeno? Caso não, o que imagina que poderá fazer da sua vida após esse momento?**

VIII

A JORNADA DA LIBERTAÇÃO

“Somos mais do que
nossas limitações, mais do
que nossas crenças e desejos
mundanos. Somos seres eternos,
em constante transformação,
buscando a verdadeira essência.”

PRAZER A TODO CUSTO – JULIANO PIMENTEL

Na jornada da libertação, somos chamados a um mergulho profundo na alma. É lá que descobrimos que toda construção genuína em nossa vida é fruto de uma desconstrução, uma transformação de algo que agora compõe nosso ser. Você se lembra das crenças que justificavam suas atitudes? As que o conduziram até este presente momento? Elas, depois de serem lapidadas pela dor e pelo sofrimento, podem já não fazer mais sentido. Mesmo que a dor não cesse, talvez não desejemos mais sustentar o significado que atribuímos a essa dor.

> **Qual é o valor da dor em sua vida? Você a vê como um mestre ou um obstáculo?**

Na jornada da libertação, é necessário que as nossas identificações se dissolvam, para que somente reste a identificação essencial, a que sempre importou. Como bem expõe uma frase que me foi revelada por Deus em meu primeiro jejum espiritual:

> "TODA IDENTIFICAÇÃO GERA LIMITAÇÃO!

Esta frase é um lembrete de que somos mais do que nossas limitações, mais do que nossas crenças e desejos mundanos. Somos seres eternos, em constante transformação, buscando a verdadeira essência. E quanto a você, o que precisa desconstruir para encontrar sua verdadeira identificação? A resposta pode estar mais perto do que você imagina, escondida na parte mais profunda do seu ser, apenas esperando ser descoberta.

Vamos mergulhar na essência desse momento, um momento que revela uma verdade profunda. Eu estava com um grande amigo, Alberto, juiz federal, que tinha me procurado no consultório para resolver um problema. Depois de me contar brevemente o que estava buscando, eu lhe disse: "Toda identificação gera limitação".

"Alberto", perguntei com um olhar firme, "se nossas filhas estivessem em perigo ao mesmo tempo e você só pudesse salvar uma, qual você salvaria?" A resposta veio rápida: "Entendo o que disse, mas isso não se aplica a tudo!".

Seu sorriso foi meu convite para ir além. Levantei-me, pedindo à minha secretária, Liliam, duas xícaras de chá, enquanto Alberto, com uma expressão intrigada, disse: "Lá vem você...".

Retornei e me sentei, as xícaras de chá fumegantes entre nós, criando uma atmosfera quase mística. "Em quais situações você acredita que essa frase não se aplica, meu amigo?", perguntei.

Alberto, sempre aguçado, levantou vários pontos. Peguei uma folha de papel e, em vez de anotar cada situação, fiz uma nuvem com as palavras, captando o conceito-chave que cada uma representava. Sua mente brilhante me desafiava, e eu sabia que estávamos prestes a tocar algo profundo e transformador.

E você, caro leitor, já se deparou com questões que desafiam suas crenças e o conduzem a um novo entendimento? Por trás de cada palavra e conceito existe uma verdade esperando para ser descoberta, uma essência que nos convida a mergulhar mais fundo.

Alberto logo disse: "Desde formação familiar, até acadêmica, filosófica e moral. Como meu nome não importa? Como meu corpo não importa? Como minhas verdades não importam? Como minha identificação pela justiça não importa? Como minha identificação como pai não importa? Como ser um esposo e um homem reto não importa? Como não ceder às minhas fraquezas não importa? Como buscar me manter em ambientes saudáveis não importa?".

Sentados em frente um do outro, o silêncio da sala foi preenchido pela série de perguntas que Alberto lançou. E agora, meu querido leitor, convido-o a ocupar a cadeira vazia e mergulhar conosco nesse diálogo, uma jornada que tocou a essência do nosso ser.

"Se você sofresse um derrame e perdesse o movimento da metade do corpo, deixaria de ser você?", perguntei, olhando nos olhos dele. "Sim ou não?"

Alberto me contemplou por um momento, o sorriso malicioso surgindo em seu rosto.

"Se sofresse um acidente e perdesse uma perna, deixaria de ser você?", continuei, aprofundando a questão. "Sim ou não?" (Nessa hora, ele já estava rindo, mas a seriedade da pergunta ainda pairava no ar.)

"E se sofresse outro acidente e perdesse a outra perna que sobrou, deixaria de ser você?", insisti, percebendo a profundidade que estávamos alcançando. "Sim ou não?" (Ele olhou para mim, seus olhos cintilando de entendimento e humor, e falou: "Não, mas seria muito azarado, né?". Rimos juntos, um riso que nasceu da compreensão.)

"Espere", disse, "não acabamos... estamos apenas começando. E se sofresse outro acidente e perdesse o braço que estava bom e ainda se movia, deixaria de ser você? Sim ou não?"

Rapidamente ele respondeu: "Não, mesmo que só sobrasse meu corpo sem os braços ou as pernas, eu ainda seria eu...".

Essas perguntas, aparentemente simples, tocaram em algo profundo e eterno. E você, que nos acompanha nessa reflexão, o que responderia? Afinal, somos mais do que nossa aparência, mais do que nossos corpos físicos. Assim conduzia Alberto a descobrir uma verdade que transcende o visível. E convido-o a descobrir conosco.

O ambiente na sala tornou-se palpável, com uma intensidade quase tangível, enquanto eu olhava fixamente nos olhos de Alberto, para que não fugisse do desafio. Sabe quando, em uma conversa, tudo entra em um estado de pleno fluxo? Cada pensamento era completamente concatenado ao anterior, e minhas palavras seguintes fluíram naturalmente:

"Então, você concorda que não somos meramente matéria?", perguntei, minha voz cheia de calor e convicção. "Não pretendo ser um negacionista, apenas quero que aprofunde sua percepção sobre a própria existência. Quero que perceba a matéria como parte da nossa essência, mas que jamais ela poderá definir quem você realmente é!"

"Tantas pessoas caem nessa armadilha, essa identificação com o físico: 'sou gordo', 'sou magro', 'sou forte', 'sou fraco', 'sou doente', 'sou velho', 'sou novo'... Mas pense, meu amigo, todas essas situações são máscaras com as quais nos identificamos. E não esqueça, como já aprendemos juntos, toda identificação gera limitação."

Houve uma pausa, um silêncio carregado de significado, antes que eu concluísse, quase num sussurro: "Avancemos!".

Aquelas palavras ressoaram na sala, enchendo o espaço com uma reverberação que parecia ecoar em nossas almas. Estávamos prontos para seguir em nossa jornada, e eu sabia que havíamos tocado algo essencial e verdadeiro.

"Por que você responde ao seu nome? Já parou para pensar nisso? Esses significados foram semeados ao longo de sua vida, desde aqueles primeiros momentos inocentes em que o sorriso dos seus pais brilhava ao vê-lo atender ao chamado deles. O que se passa em seu coração ao ouvir alguém invocar o seu nome em voz alta? Consegue sentir como várias memórias e emoções compõem o que você sente neste exato instante?"

Nesse ponto, meu amigo interrompeu-me com uma veemência surpreendente, quase como se estivesse defendendo algo precioso: "Viu como o que eu penso que sou importa? Viu como minha identificação com meu nome importa?".

Eu o encarei, tentando compreender as profundezas daquela reação. "Calma", disse com um sorriso reconfortante, colocando uma mão em seu ombro. "Deixe que eu conclua essa etapa com você. Continuemos..."

Em seguida, lancei uma pergunta, quase um desafio: "Você entende que o nosso ser, a nossa alma, ou algo em nós, acumula dados, estímulos, informações, sensações e percepções desde antes mesmo de nascermos?".

Ele não hesitou, seu olhar fixo e determinado: "Claro que sim!".

Nesse momento, senti que havíamos alcançado um novo patamar em nosso diálogo.

Em seguida, desafiei-o com outra pergunta, dessa vez um tanto mais pessoal: "Mas o que você viveu define realmente quem você é?".

Ele não hesitou e respondeu com uma certeza firme em sua voz: "Lógico! Eu não seria juiz se não tivesse feito tudo o que fiz, aprendido tudo o que aprendi, sentido tudo o que senti. Dediquei horas a fio enquanto os outros saíam para a cachaçada".

Assenti, compreendendo sua convicção, e adicionei com um tom reflexivo: "Entendo que suas conquistas, derivadas de suas ações, sejam sequencialmente importantes. Elas criam algo que gosto de chamar de ***'Inevitabilidade do Presente'****. Qualquer coisa que imaginemos aqui remete a possibilidades que surgem PARA QUE aquilo que há de vir não seja movido pelo PORQUÊ que o trouxe até aqui".*

Havia uma pausa, um momento de silêncio, enquanto ele digeria o que eu acabara de dizer. Podíamos sentir a gravidade dessas palavras, a verdade embutida nelas e a forma como faziam um profundo sentido.

"Imagine que aquele derrame, que havia paralisado metade do seu corpo, tivesse também afetado uma área cerebral responsável pela memória de longo prazo. E se, a partir de agora, você só se lembrasse das últimas 24 horas da sua vida, todos os dias, pelo resto de sua existência... Você deixaria de ser você? Sim ou não?"

Ele prontamente respondeu, com um tom emocionado: "Lógico que sim! Não lembraria dos meus pais, não lembraria de tudo que me fez ser quem sou... minha esposa, minha filha... meus amigos... essa conversa... Não tem como, desculpe". E deu um longo suspiro, como se as palavras pesassem em sua alma.

Aproveitei a pausa e, com uma voz suave, perguntei: "Você acredita que a Flávia e a Julinha parariam de te amar? Ou então seus pais? Vou mais além, você acha que seus amigos parariam de amá-lo? Será que as pessoas que verdadeiramente nos amam estão conosco por conta do nosso passado ou por algo mais profundo?".

Em um momento de sinceridade tocante, ele admitiu: "Definitivamente, se isso acontecesse com a Julinha agora mesmo e eu tivesse todos os dias de me apresentar como pai, o que ela lembra dela, de mim ou de qualquer coisa, nunca determinaria o amor que sinto por ela".

"Então você concorda que somos muito mais do que aquilo que acumulamos em nossa mente? Sim ou não?" Rapidamente, ele respondeu, com uma certeza que me surpreendeu: "Sem dúvida alguma, mas nunca tinha pensado nisso... nos julgamentos recebo os mais diversos casos, ponderando sempre princípios filosóficos, legais e éticos. Mas nunca tinha pensado dessa forma...".

Agora, meu caro leitor, quero que você pense comigo, numa jornada íntima de reflexão. Quantas vezes na vida você quis impor suas verdades como um confronto às verdades alheias? Foi necessário desconstruir a percepção consolidada de alguém sobre algo para que ele se abrisse a uma nova possibilidade de aprendizado! As identificações prévias que Alberto tinha LIMITAVAM o aprendizado dele. Mas, por ele estar em um ambiente de confiança, permitiu-se ir além.

Mas aonde quero chegar com tudo isso? Com uma pausa contemplativa, quero que você entenda que a sua identificação com qualquer vício é sustentada por uma série de fatos que o trouxeram até o presente momento, mas que nunca terão o poder de definir a trajetória final do seu coração! Ficou curioso para saber como isso terminou com Alberto? Então, respire profundamente e voltemos.

"Meu querido irmão, preste atenção no que vou desenhar para você nesse papel..."

Com a folha deitada na horizontal, desenhei três caixas com três perguntas na margem esquerda e fiz o mesmo na margem direita. Entre essas caixas, tracei três círculos, usando uma pequena xícara de café que estava sobre minha mesa. Com mãos cuidadosas, comecei fazendo um círculo para cada par de caixas, usando uma régua para assegurar que tudo ficasse alinhado.

Então, olhando nos olhos dele, coloquei as seguintes perguntas. E, como já disse, quero que você, meu querido leitor, responda aí em sua casa. Por favor, não caia na armadilha mental de pensar em fazer somente em sua cabeça. Pegue um papel, sinta a caneta na mão e escreva. Reflita comigo: um dos maiores problemas que enfrentamos hoje na humanidade é essa desconexão com o concreto. A escrita, meu amigo, é uma atividade extremamente importante no processo da expressão humana durante a evolução do ser. É como se, ao escrever, pudéssemos tocar nossa essência, entendendo-a de uma forma única e profunda.

O QUE, DE FATO, O TROUXE ATÉ AQUI,
NESTE MOMENTO PRESENTE?

O QUE REALMENTE VOCÊ QUER E PRECISA RESOLVER?

O QUE VOCÊ ESTÁ DISPOSTO A ENFRENTAR,
A SUPORTAR, A SACRIFICAR?

DO QUE VOCÊ ESTÁ DISPOSTO A ABRIR
MÃO PARA QUE ISSO ACONTEÇA?

COMO VOCÊ FARÁ O QUE PRECISA? COMO LIDARÁ
E FALARÁ COM QUEM FOR PRECISO?

POR QUE VOCÊ DECIDIU PASSAR POR TUDO ISSO?
ONDE ISSO COMEÇOU? ONDE ISSO VAI DAR?

Observe, reflita e sinta: todas essas perguntas remetem ao fator cognitivo, à parte intelectual que nos trouxe até aqui. Sim, pessoas inteligentes podem imaginar como resolverão os desafios e por qual razão farão tudo isso. Podemos racionalizar, podemos pensar e calcular. Mas isso não explica como pessoas incrivelmente inteligentes, em situações emocionalmente diferentes, têm respostas tão distintas.

A resposta, como em muitos mistérios da existência humana, é simples, mas ao mesmo tempo profunda: a ciência da jornada humana não é linear tal como 1+1=2. Ela é uma tapeçaria rica e complexa, entrelaçada com emoção, sentimento, intuição, razão e espírito. É uma dança, uma música, uma poesia. É um caminho que todos nós percorremos, mas que é único para cada um.

Ele respondeu rapidamente, seus olhos brilhando com uma mistura de preocupação, tristeza e alívio: "Estou gordo, cansado, recebo bem, mas vivo ansioso... já tentei voltar a malhar, mas meu corpo não responde como antes. Passei a tomar meu uísque ao chegar à minha casa para relaxar, e realmente me ajudou muito. Mas a Julinha me vê toda noite com um copo de bebida na mão, e a Flávia já está preocupada. Acho que isso responde às suas três caixas... e de várias maneiras...".

Ah, a complexidade da existência humana. Do que você precisa, como resolverá e por que fará tudo que for necessário para alcançar aquilo que desejava no passado. Muitas vezes, isso remete a rituais criados em outras fases da nossa vida.

Quando você bebeu pela primeira vez, inconscientemente estabeleceu critérios que justificaram aquele primeiro gole. Lembra que você queria se soltar para conversar com as meninas? Isso foi tão reforçado ao longo da vida que hoje se perpetua em reuniões de trabalho, encontros com os amigos, e virou um modo automático de relaxar, aliviar e anestesiar as dores que você não estava conseguindo solucionar.

Entende isso?

Da mesma maneira, a comida faz com que você se mantenha tendo prazer de forma lícita e inocente. Mas quando você se deu conta, já passou dos três dígitos de peso...

E agora, meu querido leitor, pergunto-lhe: quantos de nós se encontram presos em rituais e hábitos que, embora nos tragam conforto temporário, nos afastam da verdadeira essência e saúde?

É uma questão complexa, e nela reside a natureza humana, com suas falhas, medos e desejos. Como São Paulo escreveu aos Coríntios: "Tudo me é permitido, mas nem tudo convém. Tudo me é permitido, mas eu não me deixarei dominar por coisa alguma" (1 Cor 6:12).

É um chamado à reflexão, à responsabilidade, ao amor sacrificial e à compaixão. É um chamado para transcender os limites impostos pelos nossos rituais e reconhecer a força do Espírito que reside em cada um de nós.

Alberto, o vício age dessa maneira, insidioso em sua simplicidade. Uma pequena regalia socialmente aceita, relativamente inofensiva, consegue minar quem menosprezar seu poder. Pessoas com resultados incríveis, que alcançaram tanto, se perdem por simples soluções que supostamente aliviam a dor ou geram uma fagulha de prazer.

Não é assim que buscamos nos sentir mais vivos e livres, mesmo que por um breve momento?

Você precisava aprender a se abrir e se conectar. Preferiu fazê-lo por meio da bebida, que gerou uma recompensa positiva, que se perpetuou até a vida adulta. Mas aqui, Alberto, você não está sozinho. Você é um homem forte, é meu amigo, e chegou ao cargo em que está por ser uma pessoa resiliente.

Mas, ah, a fragilidade humana! Você não está acostumado a mostrar suas fraquezas. Nenhum homem está. Por essa razão, o orgulho é a porta de entrada dos vícios na humanidade.

Com olhos cheios de compreensão, prossigo:

Você respondeu essas perguntas com a alma em sofrimento, com os vícios dominando sua vida, drenando sua energia, destruindo sua família. É como disse Santo Agostinho: "A medida de amar é amar sem medida".

As três camadas do ser humano são as esferas no centro: a camada intelectual (o quê), a camada almática (como) e a camada espiritual (porquê). Respondemos aos desafios da vida de várias formas, mas sempre em concordância com o nível de consciência que temos sobre a nossa existência e sobre o momento em questão. E você, que me acompanha nesta jornada, reflita comigo: quão cientes estamos dessas camadas em nossa própria vida? Como nossas ações refletem nossas crenças mais profundas? Como podemos, por meio da reflexão e da compaixão, encontrar caminhos para superar os vícios que limitam nossas almas?

Alberto, meu amigo, a dor é uma constante na vida humana, mas, com intervalos de prazer, ela nos remete ao olhar da dor que compensa pelo propósito que carrega em si. Como disse o filósofo Friedrich Nietzsche, "Aquele que tem um forte porquê suporta qualquer como para obter aquilo que deseja".

Nosso "porquê" sempre nos remete a uma condição do passado que justifica nossas atitudes. Mas você me buscou não por essa justificação, mas pelo "PARA QUÊ". Para que você emagrece? Para que sua filha veja o pai que você é, sem a limitação do vício? Para que sua esposa veja o homem pelo qual ela se apaixonou e que movia mundos para alcançar aquilo que ardia em seu coração?

Com os olhos cheios de lágrimas, eu me aproximei de Alberto e fiz uma seta que conduziu ao outro lado da folha, levando-nos ao lado direito de nossa jornada, no qual reside a verdadeira razão pela qual você passaria pelo que fosse necessário para tocar aquilo que realmente importa.

Não em um estado de limitação, mas com uma chama que brilha em seu coração por aqueles que mais dependem de você e de seu amor. Como se, em uma noite completamente escura, apenas essa chama mostrasse o caminho, com todos os "comos", com todos os recursos necessários para ser o pai que você verdadeiramente pode ser, o marido que você verdadeiramente pode ser... Sem as marcas do passado, mas com a possibilidade do seu espírito!

Ah, a transformação que ocorre quando deixamos de lado os grilhões do passado e abraçamos o futuro com coragem e amor! Jesus disse: "Em verdade vos digo que, se não vos converterdes e não vos tornardes como crianças, de modo algum entrareis no reino dos céus" (Mateus 18:3). Assim, devemos nos tornar como crianças, livres das amarras, puros de coração, prontos para abraçar o futuro com amor e esperança.

Que possamos todos encontrar a coragem para enfrentar nossos vícios, nossas limitações e nosso passado, para que possamos caminhar em direção a um futuro cheio de amor, compaixão e compreensão. O caminho é longo, mas, com fé e determinação, nós caminhamos. E na companhia de amigos, a jornada se torna mais doce.

Alberto, nosso diálogo tocou no âmago de algo profundamente humano e universal. No momento em que lhe perguntei "Se você não é o seu corpo e não é a sua mente, suas memórias... quem é você?", um entendimento profundo surgiu. Você é aquilo que manifesta tudo o que se apresentou, mas não pode confundir o que carrega com quem realmente é. Pois você manifesta aquilo com o que se identifica.

Talvez esse seja o momento maior que todos nós devemos encontrar em nossa jornada, em que percebemos que nossa identificação com certas coisas cria limitações. Como uma das frases que Deus me revelou durante meu jejum espiritual: "Toda identificação gera limitação!".

Por essa razão, nossa única e maior identificação, aquela que forja nossa verdadeira identidade, deve ser com aquele que é o alfa e o ômega, aquele que tudo criou, que é onipresente, onipotente e onisciente. Ele conhece todas as nossas humanidades, mas mantém a divindade Dele em nós de forma plena, como essa chama que guiou todas as suas respostas do lado direito da folha.

É assim que a culpa que você sentia era por manter-se em um caminho que Deus não queria que você continuasse a trilhar. Ele sabia do seu verdadeiro potencial e do que havia desejado para você e aqueles que ama, pois fomos feitos à sua imagem e semelhança.

Encerro a história do Alberto por aqui, mas a jornada continua. O processo de libertação dos vícios não será linear e muito menos fácil. Mas é plenamente possível, desde que você acesse sua essência espiritual e atue a partir dela, não de quem você pensava ser até o presente momento.

Assim como Santo Agostinho nos ensina, "Nossa alma está inquieta enquanto não descansa em ti, ó Senhor". A busca pela nossa essência verdadeira, alinhada com o divino, é o caminho para a paz e a liberdade.

A você, meu caro leitor, que chegou até aqui, que possa encontrar a coragem para embarcar nessa jornada de autoconhecimento e espiritualidade. Que possa desafiar e confrontar suas crenças para acessar sua essência e encontrar a paz e a plenitude que residem dentro de você. A jornada é desafiadora, mas o amor de Deus é nosso guia e nossa força.

Que você seja abençoado em sua caminhada e encontre a libertação e a alegria que anseia. A vida é uma viagem linda, e estamos todos juntos nela, buscando, aprendendo e amando, mesmo em meio a um vale de lágrimas com muitos sorrisos.

CONCLUSÃO

“Seja aquele que habita no esconderijo do Altíssimo, pois somente Ele poderá libertá-lo do laço do passarinheiro e de toda peste perniciosa.”

PRAZER A TODO CUSTO – JULIANO PIMENTEL

Chegou o momento de relembrar os caminhos que até aqui trilhamos juntos, querido leitor. Como uma bússola que nos guiou pela jornada, cada capítulo revelou seus próprios segredos profundos que espero que tenham falado alto com seu espírito. Vamos voltar atrás agora, para conseguir chegar muito à frente depois.

No Capítulo I, vislumbramos o intrincado tecido de nossas vidas, compreendendo que os labirintos dos vícios estão entrelaçados com a fragilidade inerente à nossa natureza.

APRENDEMOS QUE...
... os vícios originam-se na interação entre nossa natureza corporal e desejos insatisfeitos. A rotina viciante é reforçada pela psicologia humana, criando uma prisão. Mas a libertação é possível por meio das virtudes, levando a uma vida livre e feliz.

No Capítulo II, mergulhamos nas profundezas da ciência, desvelando os mecanismos materiais que sustentam o vício. Entre os sinuosos contornos do nosso cérebro e as câmaras de nossa mente, desenredamos as teias que o vício tece em nossa alma.

APRENDEMOS QUE...

... autoconhecimento é a chave contra o vício. Compreender nossa complexidade nos guia para a libertação. Nossas inteligências afetiva, cognitiva e espiritual atuam em harmonia. Cada indivíduo é influenciado por biologia, psicologia e sociedade, tornando único o caminho para superar vícios.

E então, no Capítulo III, percebemos que os vícios e as virtudes são enraizados em hábitos que moldam nossa trajetória. E que hábitos podem ser enfraquecidos ou fortalecidos por nossas escolhas. A metamorfose virtuosa dos hábitos, querido leitor, emerge como nossa arma contra as forças do vício.

APRENDEMOS QUE...

... compreendendo hábitos, moldamos virtudes e rompemos vícios. Filósofos enfatizam coragem, autodomínio e temperança. Temperamentos únicos influenciam como vivemos virtudes e enfrentamos vícios.

No Capítulo IV, nossa jornada nos levou além dos limites do corpo e da mente, adentrando as fronteiras do espírito. Descobrimos que o vício, como uma sombra implacável, estende sua influência até o mais essencial da existência.

APRENDEMOS QUE...

... o resgate de vícios exige abordagem holística. Corpo e mente não bastam; tratamos do ser completo. Com dimensões físicas, mentais e espirituais, somos desejos, emoções e razão. Nossa morada espiritual define a restauração.

Em seguida, no Capítulo V, discernimos a encruzilhada na qual nossos passos podem fraquejar. Vimos que é nas crises e nas recaídas que floresce a resiliência, nosso farol na tempestade.

APRENDEMOS QUE...

... o orgulho oculta falhas e progressos rumo ao vício. A coragem moral vence o orgulho. Alma humilde reconhece limitações e encara a realidade, chave para superar vícios.

No Capítulo VI, ficamos sabendo os segredos da superação: a queda não é o destino final, mas uma etapa da recuperação. As recaídas podem ser como pedras no caminho, mas, com paciência e determinação, moldamos nosso próprio percurso.

APRENDEMOS QUE...

... o resgate envolve reconhecer o vício e buscar auxílio. Abraçar a espiritualidade. Aceitar a recuperação gradual. Identificar falhas e virtudes. Assumir responsabilidade com apoio emocional. Abraçar a mudança. Agir para reparar e aplicar princípios de resgate na vida diária.

E por fim, querido leitor, mergulhamos fundo no Capítulo VII, descobrindo a preciosidade de nossa própria essência. Somos seres espirituais, mente e corpo entrelaçados. A busca pela plenitude exige resgatar nossa integridade em todo o nosso ser, não apenas no corpo ou na mente.

APRENDEMOS QUE...
... a busca implacável por prazer (hedonismo) abre portas aos vícios. Liberdade requer coragem em agir certo, nem sempre pelo prazer. Provações geram busca de escape; ansiedade e vício se entrelaçam. Abrir o coração, aceitar ajuda e restaurar a alma revelam humildade e dependência espiritual, levando a uma vida plena.

Agora que revisamos o que aprendemos, vamos dar o passo adiante. Ou melhor, os passos. Porque lhe proponho algumas atividades para que você vá além das páginas deste livro, aplicando estes saberes em sua vida.

Para começar, quero que você leia com atenção o contrato a seguir. Medite sobre cada cláusula. E só o assine, conferindo assim sua concordância, depois que sentir no fundo do seu ser que está de acordo com todos os termos:

CONTRATO DE COMPROMISSO PARA LIBERTAÇÃO DO VÍCIO

Partes envolvidas
De um lado, eu, composto por mente, coração, alma, espírito.
Da outra parte, Deus, criador de todas as coisas, que detém todo o poder da transformação, chamado doravante de Apoiador.

Objeto do contrato
Eu me comprometo, sob o olhar aprovador de Deus, a empreender todos os esforços possíveis e necessários para me libertar do vício que hoje me aflige, respeitando limites saudáveis e diretrizes aprovadas pela ciência e ética.

Minhas obrigações
1. Submeter-me a avaliações e tratamentos indicados pela ciência dos homens.
2. Participar ativamente de terapias, grupos de apoio e quaisquer outras abordagens cientificamente fundamentadas.
3. Seguir rigorosamente as orientações e os planos de ação definidos por profissionais de saúde, ajustando-os conforme necessário.
4. Adotar práticas saudáveis que contribuam para a recuperação, tais como exercícios físicos, alimentação equilibrada e atividades de relaxamento.
5. Manter comunicação regular com o Apoiador, reportando progressos, desafios, e buscando suporte em momentos de dificuldade.
6. Zelar pelo meu bem-estar emocional, buscando ajuda profissional caso necessário.

Obrigações do Apoiador
Ser ele mesmo, sendo fiel e verdadeiro ao cumprir o que prometeu: "Buscar-me-eis e me achareis quando me buscardes de todo o vosso coração", Jeremias 29:13.

Prazo:
O presente contrato terá duração por toda a vida das partes.

Foro:
As partes elegem o foro da Criação, todo o Universo.
Por estarem de acordo com todas as cláusulas e condições acima, as partes assinam o presente contrato em duas vias de igual teor e forma, juntamente com duas testemunhas.

Assinatura: ____

Você pode copiar o contrato que viu na página anterior, assinar e ter uma cópia sempre consigo, na carteira. Ou quem sabe pregada na parede de seu quarto. Ou, mesmo, assinar no livro e tê-lo sempre à vista num lugar especial de sua estante. Encorajo-o a mostrar o contrato para quem você quiser e sentir que irá apoiá-lo na jornada de libertação.

Seja como for, peço que considere com carinho o contrato, em todas as suas cláusulas, e tome a atitude correta.

Por vezes, não temos muita noção
de quem somos de fato, até que o
outro lance sobre nós seu olhar.

Sabe as pessoas a quem você considerou mostrar o contrato? Aquelas que você sabe que o apoiarão na jornada? Peço-lhe que faça uma lista de seus defeitos e suas virtudes. Peça para algumas dessas pessoas, que o conhecem muito bem, fazerem o mesmo.

Compare as duas listas.

O que descobriu?

QUE VIRTUDES, DAS CITADAS NO CAPÍTULO III, SÃO AS DE QUE VOCÊ MAIS SENTE FALTA EM SI MESMO? PENSE NAQUELAS DE QUE AINDA PRECISA.

1.

2.

3.

4.

5.

Tenho um pedido todo especial. Considere ter um diário. Um registro por escrito de suas dificuldades e conquistas na jornada de libertação. Pode ser um caderno grande, uma caderneta para guardar no bolso. Pode ser um arquivo no computador, não tem problema. Mas escreva a respeito de sua experiência. Você encontra um modelo para isso aqui:

DIA: XX / XX / XXXX
DESAFIOS Enfrentando batalhas internas, resistindo à tentação do vício, cada passo rumo à recuperação é um labirinto desafiador. Dúvidas me cercam, mas lembro-me de que esses obstáculos moldam minha jornada. **VIRTUDES** Virtudes como paciência, autodisciplina e esperança têm sido pilares em minha busca pela mudança. A humildade me lembra da minha humanidade, e a resiliência mantém minha chama acesa. **CONQUISTAS** A cada dia, sem o peso do vício, encontro vitórias. Sorrisos sinceros revelam momentos de paz interior. A força que descubro em mim mesmo é inestimável, e minha rede de apoio solidifica minha jornada rumo à transformação. Cada passo é um tijolo no caminho da libertação.

Depois de tudo que compartilhamos juntos ao longo destas páginas, convido-o a compartilhar esse diário de libertação com quem quer que você se sinta à vontade para compartilhar e tenha esperança de obter apoio. Lembre-se de que juntos somos mais fortes; mostre a seus entes queridos, amigos, conselheiros espirituais. Deixe-os saber de suas dificuldades e também de suas conquistas.

Criar uma rede de apoio é essencial na jornada de libertação. E você pode pensar nessa rede de pessoas em um sentido até literal: como se fossem aquelas redes que os equilibristas usam para se proteger na eventualidade de quedas.

Não ande sozinho nessa jornada de libertação.

Seja a religião, seja a psicoterapia e a psiquiatria, seja a abordagem que for: todas testemunham a favor do compartilhamento das dores. Compartilhando você multiplicará forças para quando vierem as tentações, as recaídas. Não se engane. Ninguém se torna imune ao vício de uma vez por todas. A libertação é gradual. Passo a passo. E essa caminhada fica mais suave se houver outras pegadas na areia além das suas.

Mas ter companhia na jornada não diz respeito apenas a dividir as dores. Também envolve o compartilhamento das esperanças e das alegrias vindas das conquistas. Você ficará ainda mais feliz quando houver com quem compartilhá-las!

ANEXOS

APÊNDICE I

MEDITAÇÃO CONTRA OS VÍCIOS

Podemos entender a meditação como um exercício físico, mental e espiritual para uma introspecção profunda que desenvolve nossa consciência sobre nossos pensamentos, desejos, sentimentos.

Em todas as tradições religiosas, os grandes sábios meditavam. Tanto no Oriente de Buda quanto no Ocidente de Santa Teresa D'ávila. O que faz desse hábito uma ferramenta tão poderosa para transcender as dificuldades da matéria e integrar-se com o divino?

Antes de mais nada, a meditação começa com o relaxamento consciente. Deve-se tomar a decisão de parar e focar a atenção, o que acaba, com a prática, por reduzir a ansiedade e o estresse. Nesse estado relaxado, os vícios têm suas urgências enfraquecidas.

A combinação de relaxamento, respiração e concentração na meditação cria uma sinergia poderosa para a recuperação de vícios. A prática regular ajuda a restaurar o equilíbrio neurobiológico do cérebro, diminuindo os desejos intensos por substâncias viciantes e comportamentos nocivos. Além disso, a meditação cultiva a autorregulação emocional, o que é crucial para evitar recaídas quando surgem desafios.

Focar-se na atenção e nos estados corporais ajuda a estabilizar a mente, reduzindo impulsos compulsivos relacionados aos vícios. Quando sentir o desejo pelo vício, ou um mal-estar pela abstinência, apenas pare um pouco, assuma uma postura corporal relaxada, respire fundo e observe esse desejo, os pensamentos que ele traz, de onde eles vêm, enfim, toda a cadeia de eventos que se desenrola em sua mente.

“Ah, mas meditar não é para mim. Sou ansioso/ansiosa demais.”

Tenho uma notícia boa. É justamente por essa ansiedade toda que a meditação é para você.

“Mas eu não acredito nessas coisas.”

É um exercício, não um artigo de fé. Pratique-o e passe a acreditar mediante os resultados, então.

“Mas não sei por onde começar.”

Sem problemas. Preparei um roteiro para você:

1. ESCOLHA UM LOCAL TRANQUILO

Encontre um lugar silencioso onde você possa, de preferência sozinho, sentar-se ou deitar-se confortavelmente. Deve ser um lugar livre de distrações, onde ninguém vai interrompê-lo. Pode ser no seu quarto, com a porta fechada. Pode ser um parque num dia ensolarado. Quem sabe numa praia deserta? Ou em um jardim. Comece em um lugar calmo assim.

2. ASSUMA UMA POSIÇÃO CONFORTÁVEL

A postura corporal é essencial para meditar. Sente-se em uma posição que permita estar alerta e relaxado. Pode ser numa cadeira com os pés no chão ou no chão com as pernas cruzadas. Mantenha a coluna ereta, mas não tensionada. Se preferir, uma postura deitada também pode funcionar.

3. COMECE AOS POUCOS

Nada de almejar atingir uma iluminação espetacular. Você é um iniciante, e esse tipo de desejo fará a meditação lhe trazer ansiedade em vez de relaxamento. Comece com sessões curtas, entre 5 e 10 minutos. À medida que você se torna mais confortável, pode estender o tempo para 20-30 minutos.

4. FIQUE ATENTO À RESPIRAÇÃO

Feche os olhos suavemente e direcione a atenção para a respiração. Observe o movimento do ar entrando e saindo do corpo. Sinta as sensações da respiração no nariz, no peito ou no abdome.

5. OBSERVE SEU INTERIOR

É normal que a mente se distraia com pensamentos. Quando isso acontecer, e vai acontecer, observe esses pensamentos como se fossem nuvens passando, sem julgá-los. Apenas os observe passando e, gentilmente, volte a focar-se na respiração.

6. CONECTE-SE AO SEU AMBIENTE

Meditar não é se esconder no mundo interior. À medida que se tornar mais confortável com a respiração, expanda a atenção para os outros sentidos. Note os sons ao redor, as sensações corporais e até mesmo os cheiros no ambiente. Esteja plenamente presente em cada experiência. Sempre que a atenção se voltar para o passado ou para o futuro, traga-a para o momento presente, para o aqui e agora de onde você está e como você está.

7. GENTILEZA E COMPAIXÃO

Lembre-se de que seu objetivo não é ter uma experiência mística avassaladora. É cultivar uma atitude de observação gentil, sem julgamentos, de seu interior, de sua mente. A partir daí, aprender a acalmar-se e ter compaixão consigo mesmo e com os outros.

Quando o tempo que você combinou consigo mesmo terminar, encerre a sessão.

Tente repetir a experiência todos os dias, no mesmo horário. A consistência ajudará a fortalecer sua prática. À medida que você se familiariza com a técnica, poderá aplicá-la a diversas situações do cotidiano, proporcionando mais clareza mental, redução do estresse e uma conexão mais profunda consigo mesmo e com o presente.

APÊNDICE II

JEJUM E ORAÇÃO

Por que você acha que na Bíblia as práticas de jejum e oração estão sempre de mãos dadas?

Essa combinação é vista como uma maneira de fortalecer a conexão entre o indivíduo e Deus, além de desempenhar um papel importante na busca de orientação, arrependimento e transformação espiritual.

O jejum e a oração, quando praticados juntos, representam uma atitude de **humildade** diante de Deus. A pessoa humilde se arrepende de seus erros e se transforma, e o jejum potencializa esse processo. No Antigo Testamento (Joel 2:12-13), Deus chama Seu povo para jejuar e clamar a Ele em arrependimento.

O jejum simboliza a renúncia de necessidades físicas e mundanas, enquanto a oração expressa a dependência de Deus para suprir essas necessidades e conceder misericórdia. O profeta Esdras e seu povo buscavam proteção de Deus durante uma jornada perigosa (Esdras 8:21-23). Foi quando o jejum serviu para buscar **confiança** em Deus.

A combinação do jejum e da oração é uma maneira de buscar uma **intimidade** mais profunda com Deus. Jesus enfatizou essa prática durante Seu ministério terreno. Ele jejuou por 40 dias e 40 noites antes de iniciar Seu ministério público (Mateus 4:1-11). Ele também instruiu

Seus seguidores a jejuar e orar como uma forma de se conectar mais profundamente com Deus (Mateus 6:16-18).

A Bíblia fala sobre o jejum como uma maneira de **fortalecer** a vida espiritual. Jesus afirmou que certos tipos de demônios só podem ser expulsos por meio do jejum e da oração (Mateus 17:21).

"Será que o jejum é para mim?"

Há algumas pessoas que, por razões médicas, devem ir devagar com o jejum. Refiro-me a quem tem diabetes, problemas com os rins, transtornos alimentares, grávidas, crianças, entre outros. Essas pessoas podem, devidamente hidratadas, experimentar jejuns de curta duração, como não ingerir uma das refeições do dia.

"Por quanto tempo devo jejuar?"

Mesmo uma pessoa sem obstáculos médicos deve ir aos poucos. Comece ficando 12 horas sem alimentos (o que pode significar pular um almoço, ingerindo apenas o café da manhã e o jantar). Caso se sinta confortável, tente ficar 18 horas (no caso, o intervalo entre um jantar e o almoço do dia seguinte). Para algumas pessoas, já mais preparadas, 24 horas é o melhor (digamos, o tempo entre dois almoços ingerindo apenas água). Jejuns mais prolongados que 24 horas demandam muito preparo e cuidados.

"Que cuidados devo tomar?"

Quando fizer jejum, lembre-se de beber água. Chás, sem açúcar, claro, são bem-vindos. Lembre-se de que você está jejuando com um propósito espiritual. Logo, não se envolva em muitas atividades físicas ou sociais. Tire esse tempo para ficar em um espaço tranquilo onde possa orar e meditar.

"Mas é só ficar sem comer?"

Abster-se de alimentos é apenas a superfície mais visível da experiência. No jejum seu corpo se purifica e sua mente fica mais suscetível à influência do espírito. E é nessa janela de oportunidade que a oração se dará com mais fervor. Meditar em jejum ajuda também. Sobretudo se o foco de sua atenção estiver em atitudes de humildade e transformação pessoal.

Se tiver qualquer dúvida, tenho inúmeros materiais sobre o tema, inclusive um livro que será lançado em breve!

NOTAS

1. Para saber mais sobre a evolução da arquitetura cerebral, confira este artigo da British Royal Society. PEZZULO, Giovanni; PARR, Thomas; FRISTON, Karl J. The evolution of brain architectures for predictive coding and active inference. *The Royal Society Publishing*, v. 377, n. 1844, 2021.

2. Neste estudo é explorado como o vício em drogas reduz o autocontrole mental dos pacientes com transtornos psiquiátricos, prejudicando assim o tratamento: CECILIA, Ana; HERVÊ, Carla. Dependência de substâncias: quais são os impactos na saúde mental? *Publicações da Associação Brasileira de Psiquiatria*, v. 10, n. 10, 2023. documents and videos (revistardp.org.br)

3. Para saber mais sobre as vias dopaminérgicas dos vícios, confira: ALBUQUERQUE, Derick Malagone de; SANTOS, Sofia Noronha Araújo dos. Dopaminergic pathways and their addictions: gambling on dopamine. *International Seven Journal of Multidisciplinary*, v. 1, n. 1, p. 38–39, 2022. Disponível em: <http://sevenpublicacoes.com.br/index.php/ISJM/article/view/1339>. Acesso em: 11 jul. 2023.

4. Nesta pesquisa com ratos observa-se o potencial viciante do açúcar: FOLETTO, Kelly. *Efeito da dose progressiva de sacarina, associado à glicose, no ganho de peso, no comportamento alimentar e na sensibilidade à insulina de ratos Wistar*. Tese (doutorado) – UFRGS, Porto Alegre, 2022. Disponível em: <https://www.lume.ufrgs.br/handle/10183/254481>. Acesso em: 11 jul. 2023.

5. Nesta pesquisa fala-se do efeito deletério da superexposição às telas de dispositivos móveis para o sono: PACHECO, Patrícia Maria de Azevedo; AMBROSOLI, Silvana dos Santos; CEREJA, Bruna dos Reis; et al. A influência da luz azul em aparelhos eletrônicos na qualidade do sono. *Recisatec – Revista Científica Saúde e Tecnologia*, v. 2, n. 11, p. e211217–e211217, 2022. Disponível em: <https://recisatec.com.br/index.php/recisatec/article/view/217/177>. Acesso em: 6 fev. 2023.

6. Neste estudo a proliferação de seitas no Brasil que prometem experiências de euforia mística é comparada a uma epidemia em entorpecentes: PIZZI, Jovino. Efeitos patológicos do fundamentalismo: o religar como resposta à convivência saudável.

Horizonte – Revista de Estudos de Teologia e Ciências da Religião, v. 2, n. 3, p. 1082–1082, 2020. Disponível em: <http://periodicos.pucminas.br/index.php/horizonte/article/view/23695>. Acesso em: 11 jul. 2023.

7. Não apenas atletas profissionais, mas também amadores, como "atletas de fim de semana", podem passar por essa experiência de vício em suplementos e anabolizantes: BORGES, João Victor; ANTUNES, Vagner; PIVA, Rafaela Dal; et al. Esteroides anabolizantes: Uma análise documental sobre o uso dessas substâncias por atletas profissionais e amadores. *Revista Ibero-Americana de Humanidades, Ciências e Educação*, v. 7, n. 8, p. 501–522, 2021.

8. O presenteísmo, impulso de estar sempre presente e trabalhando, anda de mãos dadas com patologias como o burnout e o estresse crônico. Contudo, muitas vezes esses vícios são apontados em nossa cultura como se fossem virtudes: LEMES, Rafael; ARANTES, Diego; SANTOS, Leonardo Portilho; et al. Análise do Presenteísmo, workaholic, burnout e boreout no contexto do trabalho. *Revista Eletrônica Acervo Científico*, v. 44, n. 44, p. e12867–e12867, 2023.

9. O vício parece funcionar como uma espécie de fome fora de controle no cérebro. O que pode se reverter mesmo no vício em comida: MORALES, Ileana. Brain regulation of hunger and motivation: The case for integrating homeostatic and hedonic concepts and its implications for obesity and addiction. *Appetite*, v. 177, n. 2, p. 106146, 2022.

10. G1. Cientistas brasileiros descobrem número de neurônios em um cérebro. *G1 – Ciência e Saúde*, 19 fev. 2009. Disponível em: <https://g1.globo.com/Noticias/Ciencia/0,,MUL1009269-5603,00-CIENTISTAS+BRASILEIROS+DESCOBREM+NUMERO+DE+NEURONIOS+EM+UM+CEREBRO.html>. Acesso em: 11 jul. 2023.

11. ZORZETTO, Ricardo. Números em revisão. *Pesquisa Fapesp*, n. 192, fev. 2012. Disponível em: <https://revistapesquisa.fapesp.br/n%C3%BAmeros-em-revis%C3%A3o/#:~:text=A%20contagem%20das%20c%C3%A9lulas%20revelou>. Acesso em: 11 jul. 2023.

12. Esta metanálise evidencia como a neuromodulação por estímulos elétricos no córtex reduz o ímpeto de vícios de maneira duradoura: SONG, Sensen; ZILVERSTAND, Anna; GUI, Wenjun; et al. Reducing craving and consumption in individuals with drug addiction, obesity or overeating through neuromodulation inter-

vention: a systematic review and meta-analysis of its follow-up effects. *Addiction*, v. 117, n. 5, 2021.

13. O simples ato de pensar a respeito do vício afeta fisicamente esses neurônios, consolidando conexões: MATTIONI, Lorenzo; FERRI, Francesca; NIKČEVIĆ, Ana V.; et al. Twisted memories: Addiction-related engrams are strengthened by desire thinking. *Addictive Behaviors*, v. 145, n. 4, p. 107782, 2023. Disponível em: <https://www.sciencedirect.com/science/article/abs/pii/S0306460323001776>. Acesso em: 11 jul. 2023.

14. Nesta revisão de literatura fica explícito o papel do estresse de origem social, juntamente com a perda de outras fontes de recompensa e prazer, como determinante para o vício em drogas: RUISOTO, Pablo; CONTADOR, Israel. The role of stress in drug addiction. An integrative review. *Physiology & Behavior*, v. 202, n. 3, p. 62-68, 2019.

15. Para saber mais sobre como ocorre, em nível neurobiológico, tanto a formação de hábitos virtuosos quanto de vícios, confira: LIPTON, David M.; GONZALES, Ben J.; CITRI, Ami. Dorsal striatal circuits for habits, compulsions and addictions. *Frontiers in Systems Neuroscience*, v. 13, 2019. Disponível em: <https://www.frontiersin.org/articles/10.3389/fnsys.2019.00028/full. Acesso em: 7 nov. 2023.

16. Confira o relatório na íntegra: UNITED NATIONS. World Drug Report 2022. United Nations: Office on Drugs and Crime. Disponível em: <https://www.unodc.org/unodc/data-and-analysis/world-drug-report-2022.html>. Acesso em: 27 out. 2023.

17. A fadiga induzida pelo consumo descontrolado de mídias sociais já é um mal bem delimitado: ZHENG, Han; LING, Rich. Drivers of social media fatigue: A systematic review. *Telematics and Informatics*, v. 64, p. 101696, 2021.

18. Lembremo-nos da sabedoria de Jesus quando disse “Conhecereis a verdade, e a verdade vos libertará” (João 8:32). A cura do vício, portanto, passa pelo confronto com nossa própria verdade, com nosso próprio ser.

19. Para saber mais sobre a psicanálise dos vícios: ROTH, Marty. The marriage and divorce of little willy: psychoanalysis and addiction. *The Psychoanalytic Review*, v. 106, n. 5, p. 439-453, 2019.

20. Aí se faz evidente o ensinamento de Buda sobre o conceito de "Samsara", o ciclo de sofrimento causado pelos nossos desejos e apegos. Quando estamos presos em nossos condicionamentos e vícios, estamos presos em nosso próprio Samsara.

21. Em grande medida o trabalho do médico russo Ivan Pavlov ainda joga luzes sobre o estudo dos vícios. Nesta pesquisa é explicitado como o condicionamento de certas respostas a determinados estímulos está no centro de tal processo: HEINZ, Andreas; BECK, Anne; HALIL, Melissa Gül; et al. Addiction as learned behavior patterns. *Journal of Clinical Medicine*, v. 8, n. 8, p. 1086, 2019.

22. Entenda a perspectiva behaviorista sobre os vícios lendo esta pesquisa: RITONGA, Fajar Utama; ARIFIN, Adil; ATIKA, Tuti; et al. Should aftercare programs be in drug addiction social rehabilitation? *Journal of Positive Psychology and Wellbeing*, v. 6, n. 1, p. 586–600, 2022. Disponível em: <https://journalppw.com/index.php/jppw/article/view/880>. Acesso em: 11 jul. 2023.

23. Aqui nós nos recordamos das palavras de Santo Agostinho: "Inquietum est cor nostrum donec requiescat in te", nosso coração está inquieto até que descanse em ti, Deus.

24. Há vários estudos inclusive sobre a possibilidade de a crença no livre-arbítrio proteger a pessoa de vícios. Em outras palavras, crer na própria responsabilidade pessoal sobre seus atos pode ser uma condição necessária para livrar-se de vícios: MOREIRA-DE-OLIVEIRA, Maria E.; DE MENEZES, Gabriela B.; DOS SANTOS-RIBEIRO, Samara; et al. Are mental disorders related to disbelief in free will? A systematic review. *Systematic Reviews*, v. 10, n. 1, 2021.

25. A prática da meditação de plena atenção pode funcionar como um hacking para desprogramar vícios, substituindo-os por hábitos saudáveis: BREWER, Judson. Mindfulness training for addictions: has neuroscience revealed a brain hack by which awareness subverts the addictive process? *Current Opinion in Psychology*, v. 28, p. 198–203, 2019.

26. O desenvolvimento cognitivo foi abordado por pesquisadores como Piaget: SCHFFER, Carmen Cristina Rodrigues. Fundamentos da teoria piagetiana do desenvolvimento cognitivo. *Paidéia*, v. 17, n. 27, 2022. Disponível em: <http://revista.fumec.br/index.php/paideia/article/view/9461>. Acesso em: 11 jul. 2023.

27. Trata-se da capacidade de entender e gerir as próprias emoções, bem como as de outras pessoas. O tema conta de décadas de popularidade em pesquisas em Psi-

coloiga: TELASKA, Tatiele dos Santos; MINHO, Araceli Aparecida Machado. Inteligência emocional: revisão sistemática da literatura. *Revista Educar Mais*, v. 6, p. 284–293, 2022. Disponível em: <https://periodicos.ifsul.edu.br/index.php/educarmais/article/view/2688>. Acesso em: 17 nov. 2023.

28. Esse tipo de inteligência pode parecer controverso por seu nome. Mas envolve tão somente o senso pessoal de propósito na vida e conexão com o próximo e alguma força superior. SKRZYPIŃSKA, Katarzyna. Does spiritual intelligence (SI) exist? A theoretical investigation of a tool useful for finding the meaning of life. *Journal of Religion and Health*, v. 60, n. 12, 2020.

29. Vícios podem ser entendidos como um problema no sistema dopaminérgico mesolímbico no cérebro, que gera a perda da capacidade de procurar novas recompensas e a consequente compulsão em uma recompensa específica. ALCARO, Antonio; BRENNAN, Anthony; CONVERSI, David. The SEEKING drive and its fixation: a neuro-psycho-evolutionary approach to the pathology of addiction. *Frontiers in Human Neuroscience*, v. 15, 2021.

30. O modelo biopsicossocial para a saúde foi proposto por George Engel nos anos 1980. Nele os fenômenos psicológicos e sociais são integrados aos determinantes biológicos do indivíduo e da espécie. BOLTON, Derek; GILLETT, Grant. *The biopsychosocial model of health and disease*: new philosophical and scientific developments. [s.l.]: Springer Nature, 2019. Disponível em: <https://library.oapen.org/handle/20.500.12657/22889>. Acesso em: 27 out. 2023.

31. Neste estudo a respeito de estudantes de Medicina, ficou estabelecido que escolhas de estilo de vida, tais como dieta, prática de exercício e afins, foram decisivas para diversos males cardiorrespiratórios, articulares, respiratórios e até mesmo graves disfunções arteriais. CRUZ, Miguel Carlos Azevedo; GARCIA, Thaís Ribeiro; MACEDO, Rafaela Melo; et al. Influência na qualidade de vida dos estudantes de Medicina relacionada a má alimentação e sono. *Research, Society and Development*, v. 10, n. 2, p. e23710212393–e23710212393, 2021. Disponível em: <https://rsdjournal.org/index.php/rsd/article/view/12393>. Acesso em: 13 abr. 2022.

32. KOOB, George F.; VOLKOW, Nora D. Neurocircuitry of Addiction. *Neuropsychopharmacology*, v. 35, n. 1, p. 217–238, 2010. Disponível em: <https://www.nature.com/articles/npp2009110>. Acesso em: 17 nov. 2023.

33. KABESH, Amal Treacher. *Twelve Essays on Winnicott*: Theoretical Developments and Clinical Innovations. [s.l.]: Oxford University Press, 2019.

34. EHRLICH, Robert. Winnicott's Idea OF The False Self: Theory as Autobiography. *Journal of the American Psychoanalytic Association*, v. 69, n. 1, p. 75–108, 2021.

35. Neste estudo ficou demonstrado como a solidão leva à agressividade e ao uso patológico de smartphones: KARAOGLAN YILMAZ, Fatma Gizem; AVCI, Ummuhan; YILMAZ, Ramazan. The role of loneliness and aggression on smartphone addiction among university students. *Current Psychology*, v. 2, n. 3, 2022.

36. Em *O Pequeno Príncipe*, Antonie de Saint-Exupéry faz uso da jardinagem como metáfora para o cultivo do Verdadeiro Eu e a eliminação dos vícios e defeitos.

37. Para Sócrates o autoconhecimento levava ao aprimoramento moral e à felicidade. Sem conhecer a si mesmo, a pessoa está relegada a sofrer na própria ignorâcia: PEREIRA DA SILVA, José Lourenço. Socrates on being good. *Unisinos Journal of Philosophy*, v. 21, n. 2, p. 127–134, maio/ago. 2020. Disponível em: <https://revistas.unisinos.br/index.php/filosofia/article/view/fsu.2020.212.01/60747850>. Acesso em: 7 nov. 2023.

38. As ideias, no entendimento socrático, já existem na mente grávida do indivíduo. Só podemos ajudá-las a nascer, para isso usando do diálogo: GOUVEIA, João Tiago. A maiêutica como técnica na mediação de conflitos. *Configurações*, v. 30, n. 30, p. 113–128, 2022.

39. Presente como Livro VII de *A República*, de Platão.

40. Para os budistas, compreender a natureza insubstancial da consciência e a transitoriedade do self são condições necessárias para o autoconhecimento: SIDERTIS, Mark. Self-knowledge and non-self. In: *Buddhist Philosophy of Consciousness*. [s.l.]: Brill, 2020, p. 189–208.

41. A prática contemporânea da meditação mindfulness também tem raízes budistas. Hoje essa forma de meditação vem sendo amplamente embasada por achados neurobiológicos como promotora do bem-estar: COSENZA, Ramon M. *Neurociência e mindfulness*: meditação, equilíbrio emocional e redução do estresse. Porto Alegre: Artmed, 2021.

42. Na psicologia analítica de Carl Jung, o apóstolo Paulo simboliza a conversão abrupta do self. Numa súbita revelação de Cristo, toda a sua identidade e o seu propósito na vida são transformados. KIRCHNER, Renato; RODRIGUES CAMPELO DA SILVA, Edilza. O cristianismo e a conversão de Paulo sob o olhar da

psicologia analítica de Carl Gustav Jung. *Revista da Abordagem Gestáltica: Phenomenological Studies*, v. 28, n. 1, p. 41–52, 2022. Disponível em: <https://dialnet.unirioja.es/servlet/articulo?codigo=9001269>. Acesso em: 14 jul. 2023.

43. Para entender melhor as potências relacionadas à inteligência dos afetos, confira: TELASKA, Tatiele dos Santos; MINHO, Araceli Aparecida Machado. Inteligência emocional: revisão sistemática da literatura. *Revista Educar Mais*, v. 6, p. 284–293, 2022. Disponível em: <https://periodicos.ifsul.edu.br/index.php/educarmais/article/view/2688>. Acesso em: 17 nov. 2023.

44. Sobre a natureza e função dos hábitos, recomendo este já clássico best-seller altamente embasado em neurociência CLEAR, James. *Atomic habits*: an easy & proven way to build good habits & break bad ones. New York: Penguin, 2018.

45. ARISTÓTELES; BINI, Edson. *Ética a Nicômaco*. São Paulo: Edipro, 2018.

46. A temperança, enquanto virtude que valoriza a moderação, evitando os excessos, tem sua importância destacada desde o filósofo grego Aristóteles. CRUZ, Jorge Silva. Ética das virtudes: em busca da excelência. *Revista de Medicina*, v. 99, n. 6, p. 591–600, 2020.

47. A coragem é vista, na ética de Aristóteles, como a mãe de todas as virtudes. Antes de mais nada, é necessário ser corajoso para fazer as escolhas eticamente corretas. VITOR, Paulo; PIRES, Giraldi. A coragem como método: Uma virtude na identidade de pesquisadores latino-americanos. *42º Congresso Brasileiro de Ciências da Comunicação*, Belém, 2 a 7 set. 2019. Disponível em: <https://www.portalintercom.org.br/anais/nacional2019/resumos/R14-0594-1.pdf>. Acesso em: 15 jul. 2023.

48. PIMENTEL, Juliano. *Ansiedade*. Porto Alegre: Citadel, 2022.

49. Os gregos usam a palavra phronesis para designar "prudência". Ela também pode ser traduzida como "sabedoria prática" ou mesmo "bom senso". Trata-se de uma tomada de decisão intuitiva baseada em experiência e na integração de múltiplos fatores do ambiente. Phronesis (Practical Wisdom) as a Type of Contextual Integrative Thinking – Kristján Kristjánsson, Blaine Fowers, Catherine Darnell, David Pollard. *Review of General Psycholog*, 2021, v. 25, n. 3, p. 239-257, 2021. Disponível em: <https://journals.sagepub.com/doi/pdf/10.1177/10892680211023063>. Acesso em: 27 out. 2023.

50. Evangelho de João, Capítulo 2.

51. No mundo dos esportes, o que inclui as artes marciais, o autocontrole diante dos desafios é vital. Psicólogos fazem uso da Teoria da Autoeficácia para estudar como esse senso de confiança em si mesmo melhora a performance de atletas. KNIGHT, William. The relationship between the practice of martial arts, anxiety, wellness, and self-efficacy. *University of New Orleans Theses and Dissertations*, v. 20, n. 2, 2021. Disponível em: <https://scholarworks.uno.edu/td/2920/>. Acesso em: 15 jul. 2023.

52. Toda uma disciplina científica vem sendo criada a respeito da mensuração das virtudes. FOWERS, Blaine J.; CARROLL, Jason S.; LEONHARDT, Nathan D.; et al. The emerging science of virtue. *Perspectives on Psychological Science*, v. 16, n. 1, ago. 2020.

53. PLATÃO. *Mênon*. São Paulo: Edufpa, 2020.

54. De muitas formas a família transmite valores e virtudes. Dentre elas, contando histórias criteriosamente selecionadas para esse fim. HART, Peter; OLIVEIRA, Gisela; PIKE, Mark. Teaching virtues through literature: learning from the "Narnian Virtues" character education research. *Journal of Beliefs & Values*, p. 1-15, 2019.

55. Descobertos em 1992, esses neurônios exercem papel essencial na empatia, bem como na aprendizagem motora e moral por observação. BONINI, Luca; ROTUNNO, Cristina; ARCURI, Edoardo; et al. Mirror neurons 30 years later: implications and applications. *Trends in Cognitive Sciences*, v. 26, n. 9, p. 767–781, 2022.

56. Na literatura clássica, é pela astúcia, não pela força bruta, que os heróis conseguem vencer monstros. MARSHALL, Evan. Outsmarting Monsters and Murderers: An Examination of Métis in Horror Literature. *UR*, v. 1, n. 2, 2021. Disponível em: <https://kb.gcsu.edu/cgi/viewcontent.cgi?article=1013&context=undergraduateresearch>. Acesso em: 15 jul. 2023.

57. Na psicologia positiva, esse estado é chamado de "flourishing", isto é, "florescer", como metáfora para um estado de prosperidade. BAKRACHEVA, Margarita. The Meanings Ascribed to Happiness, Life Satisfaction and Flourishing. *Psychology*, v. 11, n. 1, p. 87-104, 2020.

58. A palavra "humildade" tem raiz em "humus", termo ligado à Terra. Ser humilde significa ter os pés no chão, não cultivar ilusões de grandeza.

59. Por vezes chamada de Teoria dos Quatro Humores, esse modelo explicativo sobre a personalidade vem se desenvolvendo desde Hipócrates e continua relevante.

MURPHY, Peter. *Four Temperaments*. Disponível em: <https://brill.com/display/book/9789004680128/BP000013.xml>. Acesso em: 15 jul. 2023.

60. Será possível medir a inteligência espiritual? Este estudo aponta que sim: The effect of spiritual intelligence on organisational entrepreneurship: case study of educational departments in University of Tehran. *International Journal of Management and Enterprise Development (IJMED)*, v. 18, n. 3, 2019. Disponível em: <https://www.inderscience.com/offers.php?id=100673>. Acesso em: 27 out. 2023.

61. D'ÁVILA, Santa Teresa. *Caminho da perfeição*. São Paulo: Cultor de Livros, 2021.

62. Os Alcoólicos Anônimos têm um método em 12 passos para a libertação do vício. Quatro desses passos envolvem a crença em um poder espiritual superior. AA. Alcoólicos Anônimos do Brasil, site oficial. www.aa.org.br. Disponível em: <https://www.aa.org.br/>. Acesso em: 27 out. 2023.

63. Para saber mais sobre o que a Filosofia e a Psicologia antigas têm a dizer sobre o assunto, confira: ARISTÓTELES. Da Alma (De Anima). São Paulo: Edipro, 2011.

64. Santa Teresa D'Ávila compara a alma a um castelo com sete moradas ou níveis, do mais mundano ao mais espiritual. D'ÁVILA, Teresa. As moradas do castelo interior. São Paulo: É Realizações, 2014.

65. D'ÁVILA, Santa Teresa. *Livro da vida*. São Paulo: Penguin, 2010.

66. Confira o filme *Gandhi* (1982), com Ben Kingsley no papel do líder pacifista indiano.

67. PHÚC, Kim. *A menina da foto*. São Paulo: Mundo Cristão, 2022.

68. JHA, Aishwariya; BANERJEE, Debanjan. Neurobiology of sex and pornography addictions: a primer. *Journal of Psychosexual Health*, v. 4, n. 4, p. 26318318221160, 2022.

69. KANG, Xiaoxi; HANDAYANI, Dini Oktarina Dwi; CHONG, Pei Pei; et al. Profiling of pornography addiction among children using EEG signals: A systematic literature review. *Computers in Biology and Medicine*, v. 125, p. 103970, 2020.

70. DE ALARCÓN, Rubén; DE LA IGLESIA, Javier; CASADO, Nerea; et al. Online Porn Addiction: What We Know and What We Don't — A Systematic Review. *Journal of Clinical Medicine*, v. 8, n. 1, p. 91, 2019. Disponível em: <https://www.mdpi.com/2077-0383/8/1/91/htm?fbclid=IwAR2Mn2LSAUToSyVby186taSLXr-4N9yaKEOnWjOZDIo8r-TdnyHYm93OINA4>. Acesso em: 27 out. 2023.

71. SETYAWATI, Rr; HARTINI, Nurul; SURYANTO, Suryanto. The psychological impacts of internet pornography addiction on adolescents. *Humaniora*, v. 11, n. 3, p. 235–244, 2020.

72. SILVA, Aluízio Fernando Costa; ESTORQUE, Álefi Dornelas Soldeiro; EVANGELISTA, Fernando Vieira. Disfunção erétil em jovens causada por pornografia. *Brazilian Journal of Health Review*, v. 6, n. 1, p. 2351–2367, 2023.

73. BORGOGNA, Nicholas C.; LATHAN, Emma C.; MCDERMOTT, Ryon C. She asked for it: hardcore porn, sexism, and rape myth acceptance. *Violence Against Women*, v. 28, n. 2, 2021.

74. PAIXÃO, Kalita Macêdo. Etiologia da pornografia infantil: um olhar crítico sobre a (cyber)pedofilia. *Revista Direito e Sexualidade*, v. 1, n. 1, 2020.

75. Para saber mais sobre como ocorre, em nível neurobiológico, tanto a formação de hábitos virtuosos quanto vícios, confira: LIPTON, David M.; GONZALES, Ben J.; CITRI, Ami. Dorsal Striatal Circuits for Habits, Compulsions and Addictions. *Frontiers in Systems Neuroscience*, v. 13, 2019. Disponível em: <https://www.ncbi.nlm.nih.gov/pmc/articles/PMC6657020/>. Acesso em: 27 out. 2023.

76. Esta revisão sistemática de publicações conclui que o vício em smartphones anda sempre lado a lado com transtornos neurológicos e mentais mais graves. RATAN, Zubair Ahmed; PARRISH, Anne-Maree; ZAMAN, Sojib Bin; et al. Smartphone addiction and associated health outcomes in adult populations: a systematic review. International Journal of Environmental Research and Public Health, v. 18, n. 22, p. 12257, 2021.

77. Capítulo II deste livro.

78. O modelo biopsicossocial para a saúde foi proposto por George Engel nos anos 1980. Nele os fenômenos psicológicos e sociais são integrados aos determinantes biológicos do indivíduo e da espécie. BOLTON, Derek; GILLETT, Grant. *The Biopsychosocial Model of Health and Disease*: New Philosophical and Scientific Developments. [s.l.]: Springer Nature, 2019. Disponível em: <https://library.oapen.org/handle/20.500.12657/22889>. Acesso em: 27 out. 2023.

79. Os relacionamentos tóxicos não se restringem aos afetivo-sexuais. Amizades, relações de trabalho, laços familiares e todos os outros podem sê-lo, bastando para isso que dependência e abuso estejam envolvidos. ZIBENBERG, Daniela. O que é

abusivo: uma revisão sobre relacionamentos abusivos. *Publicações*, v. 1, n. 1, 2023. Disponível em: <https://editorapublicar.com.br/ojs/index.php/publicacoes/article/view/670>. Acesso em: 24 jul. 2023.

80. Confira o Capítulo II deste livro.

81. CHAN, Heng Choon. Case 13 – The Washington Green River Killer: The Case of Gary Leon Ridgway (1982–2001; U.S.A.). *A Global Casebook of Sexual Homicide*, v. 12, p. 211–231, 2019.

82. "Sejam imitadores de Deus, como filhos amados" (Efésios 5:1).

83. Em *Moradas do Castelo Interior*, Santa Teresa D'Ávila comenta que o fiel, no início da jornada da oração, é ainda como um bebê espiritual.

84. Para mais informações sobre os doze passos dos Alcoólicos Anônimos, acesse: https://www.aa.org.br/informacao-publica/principios-de-a-a/os-doze-passos. Acesso em: 27 out. 2023.